本书系2022年度河北省社会科学发展研究课题“新媒体时代河北中医特色文化海外传播策略研究”（课题编号：20220303145）的研究成果

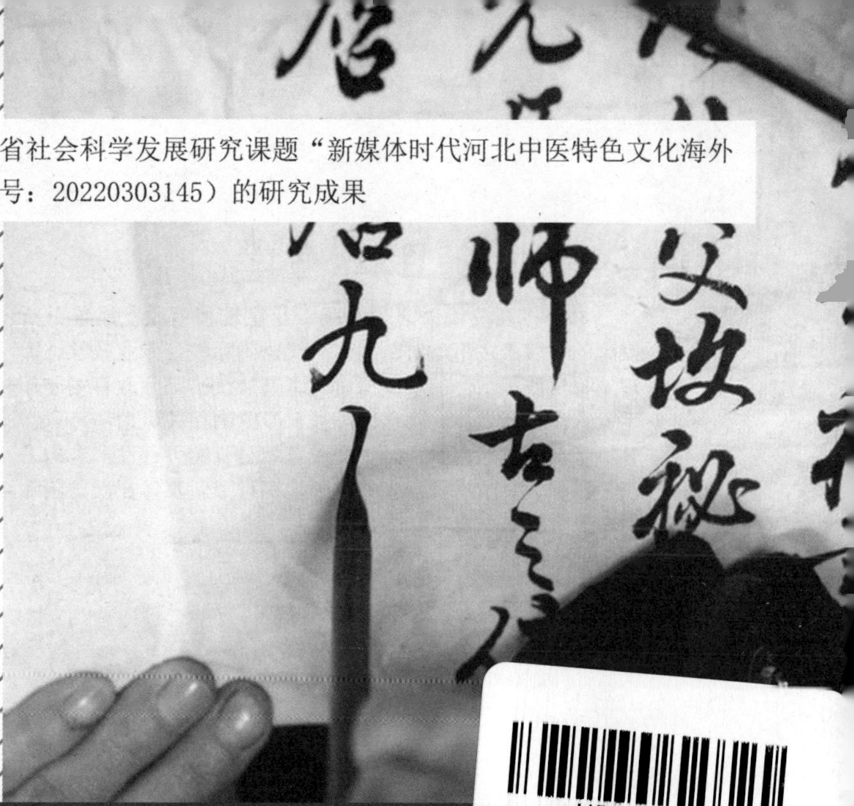

新媒体时代
汉语国际教育研究

张婧瑶◎著

中国纺织出版社有限公司

内 容 提 要

本书将高校汉语国际教育专业建设和事业发展置于新媒体的大背景之下，对新媒体与汉语国际教育专业教学进行理论与实践相结合的实践探索。本书从汉语国际教育发展入手，介绍了新媒体与汉语国际教育专业的相关概念与特点，分析了新媒体应用与国际中文教育相结合的可行性，重构了汉语国际教育生态课堂，并进一步探讨了新媒体在汉语国际教育专业教学中的应用与实践。

图书在版编目（CIP）数据

新媒体时代汉语国际教育研究 / 张婧瑶著．-- 北京：中国纺织出版社有限公司，2023.2

ISBN 978-7-5229-0177-0

Ⅰ．①新… Ⅱ．①张… Ⅲ．①汉语－对外汉语教学－教学研究 Ⅳ．① H195.3

中国版本图书馆 CIP 数据核字（2022）第 248561 号

责任编辑：王 慧　　责任校对：楼旭红　　责任印制：储志伟

中国纺织出版社有限公司出版发行
地址：北京市朝阳区百子湾东里 A407 号楼　邮政编码：100124
销售电话：010—67004422　传真：010—87155801
http://www.c-textilep.com
中国纺织出版社天猫旗舰店
官方微博 http://weibo.com/2119887771
天津千鹤文化传播有限公司印刷　各地新华书店经销
2023 年 2 月第 1 版第 1 次印刷
开本：787×1092　1/16　印张：8.5
字数：116 千字　定价：88.00 元

前　言

在中国，汉语国际教育作为一个学科，参与学校之广泛，人才培养体系之完善，从业专家学者数量之众多，产出成果之丰富，资源投入之巨大，全球绝无仅有。中国的汉语国际教育学界应秉持“舍我其谁”的信念，勇于担当起学科建设重任，引领全球汉语国际教育学科发展，为有需求的国家提供国别化汉语教育学术服务，以强有力的学术支撑为全球汉语教育事业保驾护航。

随着新媒体时代的到来，新媒体打破了汉语国际教育的空间限制，让汉语爱好者通过翻译、沟通、练习等活动，提升自身对汉语的了解，更好地学习汉语知识，掌握汉语学习的要领，提升汉语水平。可以说，在信息化建设高速扩张的新媒体时代，汉语国际教育中运用新媒体是历史的必然选择，也是学科建设的必要革新。

基于此，笔者特撰写《新媒体时代汉语国际教育研究》一书。本书在新媒体的大背景之下，从汉语国际教育发展入手，介绍了新媒体与汉语国际教育专业的相关概念与特点，分析了新媒体应用与国际中文教育相结合的可行性，重构了汉语国际教育生态课堂，并进一步探讨了新媒体在汉语国际教育专业教学中的应用与实践。

本书有两大特点：第一，重点突出。本书在论述过程中，始终围绕新媒体这一时代背景，从新媒体应用于汉语国际教育的可行性分析、新媒体时代汉语国际教育课堂的失衡与重构、新媒体在汉语国际教育中的应用与实践等角度重点阐述了新媒体时代的汉语国际教育。第二，理论联系实践。本书在阐述新媒体和汉语国际教育专业相关理论的同时，还阐述了新媒体时代汉语国际教育课堂重构以及对外汉语教学的实践应用，为高校汉语国际教育教育提供了新思路。本书对于汉语国际教育领域的专家、学者具有较好的理论方法借鉴和科研资料支撑作用，对于汉语国际教育专业硕士研究生和本科生跨文化交际能力的培养也具有重要价值。

由于汉语国际教育属于跨学科研究，知识范围广博，鉴于研究时间和知识面的限制，书中难免有疏漏之处，恳请专家、读者批评指正。

张婧瑶

2022年9月

目录

第一章　汉语国际教育发展概述

汉语国际教育（Teaching Chinese to Speakers of Other Languages）的明确提法最早见于《汉语国际教育硕士专业学位设置方案》。2007年3月，国务院学位委员会办公室批准试办汉语国际教育硕士专业学位教育。2008年，汉语国际教育被列入一级学科“中国语言文学”之下的二级学科。作为一个名词性短语，汉语国际教育在当今社会为人们所耳熟能详，一度成为高等教育尤其是语言教学领地的高频词。然而，作为一个学理概念，汉语国际教育的内涵究竟是什么，具备哪些特征，怎样分类？学界对此尚未形成统一的观点，直接导致学者们在各自所认为的汉语国际教育领地上开展工作，研究和实践内容变得非常宽泛繁杂。汉语国际教育的“模糊边界”理应得到明确，其相应的概念及概念体系理应得到统一，这是开展汉语国际教育理论探究和教育实践的基础。基于此，本章围绕汉语国际教育的内涵、特征、类型、背景、发展趋势等内容进行研究，以此为汉语国际教育研究和实践提供参考。

第一节　汉语国际教育的内涵、特征与类型

一、汉语国际教育的内涵

汉语国际教育的内涵，简单来说就是汉语国际教育内在各因素的总和，是关于汉语国际教育是什么的质性规定。在语言推广成为提升国家软实力重要战略的时代背景下，汉语国际教育表述的提出避免了汉语国际推广可能引发的负面影响。这一提法和活动本身的价值不容否认，但因现有释义的非明确性，在学界见仁见智的理解中，汉语国际教育与对外汉语教学、国际汉语教学、华文教学等概念混淆在一起，在内涵认识上加以厘清，有助于汉语国际教育的理论探讨和实践发展。

（一）汉语国际教育概念的提出及其相关概念

汉语国际教育这一概念的提出既有其长期的历史源流，又有特定的环境背景。明确其历史源流有助于我们了解汉语国际教育从哪里来，考察其特定的环境背景则有助于明确汉语国际教育的现实发展。

单纯就名词术语来看，“汉语国际教育”这一概念有据可考的第一次提出可追溯到2007年3月30日国务院学位委员会第二十三次会议审议通过的《汉语国际教育硕士专业学位设置方案》（以下简称《方案》）。《方案》提出：“为提高我国汉语国际推广能力，加快汉语走向世界，改革和完善对外汉语教学专门人才培养体系，培养适应汉语国际推广新形势需要的国内外从事汉语作为第二语言/外语教学和传播中华文化的专门人才，决定在我国设置汉语国际教育硕士专业学位。”与此同时，《方案》对汉语国际教育做出阐释：“汉语国际教育是指面向海外母语非汉语者的汉语教学。”“汉语国际教育”这一名称的确立，既能反映“汉语走向世界”的客观现实，又有别于国内双语教学中的汉语教育，

还能避免“推广”一词可能引发的负面影响。

汉语国际教育既是一个新的名称表述，同时也是一个新兴而复杂的研究领域。对“汉语国际教育”这一概念的理解，需要从其源头上加以整理，厘清与之相关的各概念。

1. 对外汉语教学

“对外汉语教学”这一概念最早见于1982年，当前仍被广泛使用。按照《中国大百科全书：语言文字》的解释，对外汉语教学是指对外国人的汉语教学。它也包括对母语非汉语的海外华裔进行的汉语教学。“对外汉语教学”这一表述更多地着眼于中国国内的教学对象，在国外的适用性不强。举例说明，这一活动在中国范围内对非中国国籍的人进行，就可以说是对外汉语教学。但是，如果这一活动放到国外进行，如在美国教美国人学习汉语，这个时候采用对外汉语教学的表述则就容易产生歧义。当然，这一概念的提出有其特定的历史原因，20世纪80年代，学界在使用“对外汉语教学”时，考虑的学习对象主要是到中国学习的外国人，即在中国范围内由中国人教授外国人学习汉语。

2. 国际汉语教学

如前所述，“对外汉语教学”这一表述难以为国外的汉语教学活动所使用，因此，这一活动在不同国家有不同的名称表述，如美国称为“中文教学”，日本称为“中国语教学”。因为“汉语教学”这一表述容易跟中国国内的母语教学相混淆，所以常常需要在前边加上“国际”一词加以限制，使用起来受限较多。

3. 华文教学

华文教学主要指对海外华裔子弟（包括有或者没有居住国国籍者）的汉语教学。这类学习者虽然在国外学习汉语，没有中国国内的汉语环境，但是他们的家人或周边环境中有一些人使用汉语（可能不是普通话）。也就是说，学习者的学习环境既不是典型的目标语（汉语）环境，也不是典型的非目标语环境，学习者跟中国有着千丝万缕的联系，学习内容既有汉语，又有大量中华文化传统知识。对于非华裔的汉语教学而言，没有这么多中华文化知识，“华文教学”这个名称的局限在于难以将非华裔的汉语教学包含进去。

4. 汉语作为第二语言的教学

汉语作为第二语言的教学，简单理解就是将汉语作为第二语言来进行教学。这一名称在对外汉语的学理研究中使用极为广泛，因其使用地点、场合的普适性，无论是在国内还是国外都可以使用。这一表述的不足之处主要在于：第一，名称表述过长，音律不那么平衡，以致用起来不太方便；第二，意思上包含了对国内少数民族的汉语教学，使用时容易产生歧义。

上述这些概念在内容上、实质内涵上与汉语国际教育有着千丝万缕的联系，但这几者并不完全等同。上述每一个概念的提出都有其特定历史背景，且在既定历史背景下具有合理性和科学性。然而，随着外部环境的变化，以及教学活动的演进和内容更迭，这些概念也表现出一定的不适应性。以“对外汉语教学”这一概念为例：“对外汉语教学”刚出现的时候指的是“对外国人进行的汉语教学”。然而，在现实生活中，对外汉语教学的招生对象既有国外学生，又有国内学生，明显与对外汉语教学“对外国人的汉语教学”的本意有较大出入。由此可见，在“汉语国际教育”这一名称被正式确立的今天，无论“对外汉语教学”“国际汉语教学”“华文教学”“汉语作为第二语言的教学”这些概念有多贴近汉语国际教育的本质，用这些表述来指代汉语国际教育，都是不完全合理的，尚需在理论上、实践中加以探讨。

（二）基于现有释义的汉语国际教育基本内涵分析

在通常意义上，“教育”一词被定义为一种培养人的活动，而汉语国际教育冠以“教育”之名，其也可以被认定为一种以汉语教学为核心的培养人的活动。如此一来，对汉语国际教育内涵的理解，就可以依照教育问题探讨的一般范式展开，系统地考虑其基本概念、施教主体、受教对象、教学材料等内部各要素。

《汉语国际教育硕士专业学位设置方案》明确提出，“汉语国际教育是指面向海外母语非汉语者的汉语教学”。从这一阐释对汉语国际教育内涵的理解，其中心节点在于把握“海外”这一概念。“海外”一词大多与“国外”作同义理解，并相互通用，具有对象指向的国家主体性和地域指代的相对性。

汉语国际教育是国家软实力建设的一个有机组成部分，其从国家汉语推广战略演进而来。虽然汉语国际教育的目的在于汉语传播和中国文化在世界范围内的相互交流，但作为一项国家事业，这一活动本身具有明显的主、客体之分。将前述“海外”一词还原到本书所探讨的汉语国际教育主题中，因为这一动作是由国家汉语国际推广领导小组办公室（简称国家汉办）、具备汉语国际教育资格的机构及高等学校来发出的，是站在国家（中国）的立场上开展的活动，所以在这里“海外”指的是“非中国区域”。依此类推，汉语国际教育定义中的“面向海外”就等同于“面向世界范围内的非中国区域”。进一步来看，汉语国际教育中的“海外”一词是用来修饰“母语非汉语者”的，其展开的全部含义为“海外的母语非汉语者”，即它是面向非中国区域的母语非汉语者（有别于国内的双语教学），而不包括中国区域内的母语非汉语者。

基于上文对汉语国际教育现有释义的展开理解，围绕“动作发出主体（施教主体）、动作发生地、动作指向对象（受教主体）、教学材料”四个维度，可以对汉语国际教育的现有释义做出相应理解，如图1-1所示。

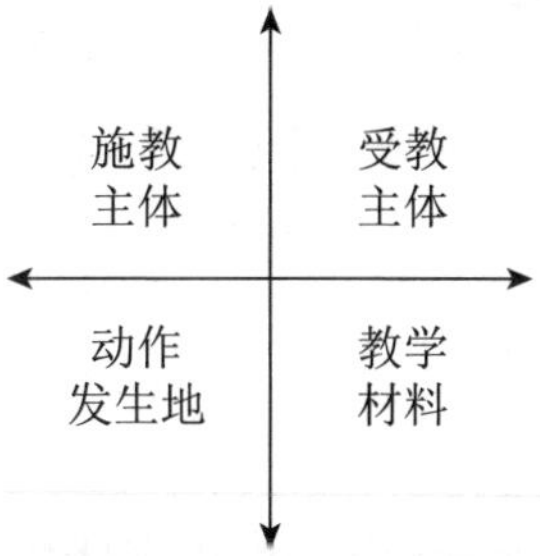

图1-1　汉语国际教育内涵展开的四个基本维度示意图

第一个维度，汉语国际教育的动作发出主体（教育者）是谁？因为汉语国际教育是面向海外母语非汉语者进行的，所以这一动作的发出主体是汉语教学资源的持有者，是汉语国际教育活动的组织者、设计者、实施者。往大处讲，汉语国际教育是一项国家事业，其组织者、设计者是“国家（中国）”；往小处讲，汉语国际教育是一种语言教学，其组织者、设计者、实施者是课堂上的汉语教师（汉语掌握者）。本书以探讨高等教育领域内的汉语国际教育为主，因此汉语国际教育的设计者、组织者、实施者应从教育组织实体方面来加以理解，如高等学校、孔子学院（孔子课堂）及其他正规的汉语教学组织等。

第二个维度，汉语国际教育的动作发生地在哪里？汉语国际教育强调的是对海外的母语非汉语者进行，并未对动作发生地进行特别规定，因此汉语国际教育的动作发生地既可以是中国区域，也可以是非中国区域。只要是面向海外母语非汉语者进行的汉语教学，无论动作发生地是否在中国，其都属于汉语国际教育的范畴。从这个意义上看，无论是把外国人“请进来”学习汉语，还是主动“走出去”教外国人学习汉语，都属于汉语国际教育。

第三个维度，汉语国际教育的动作对象指向谁？汉语国际教育针对海外母语非汉语者进行，顾名思义，其动作对象指向非中国国籍的母语非汉语的人群。结合现实来看，《汉语国际教育硕士专业学位设置方案》中做出“海外母语非汉语者”的释义，其主要是为了同国内对少数民族所进行的双语教学区分开来。

第四个维度，汉语国际教育这一活动的教学材料是什么？汉语国际教育强调“汉语教学”，教学材料无疑就是“汉语”。语言文字作为文化的载体，是实现文化教育和文化传递的手段。从更深层次来看，汉语国际教育的教学材料不仅仅指汉语本身，还包括丰富的中国文化、中华文明。

综合以上四个维度的分析及理解，我们可以将汉语国际教育理解为一种特殊的教学活动，其以汉语教学组织实施者为施教主体，以海外母语非汉语者为施教对象，以汉语为基本内容。

（三）汉语国际教育的理解偏差和内涵再认识

前述分析使我们明确了汉语国际教育的主体、对象等内容，但在这些内容之外，由于概念表述得简略，依旧存在制约人们理解汉语国际教育的模糊区域，容易造成人们在汉语国际教育理解上的偏差，进而影响人们对汉语国际教育内涵的认识。

1. 汉语国际教育概念的理解偏差

从国务院学位委员会的现有释义展开，如果将汉语国际教育理解为“针对非中国区域内的母语非汉语者进行的汉语教学活动”，就容易让人产生诸多模糊认识和困惑。例如，当前在中国境内已经取得中国国籍的母语非汉语者的汉语学习是否属于汉语国际教育？汉语国际教育是否必须以中国为动作发出主体？普通民众能否在这种实践活动中获得代表国家的资格（如由中国人在国外大学开设的汉语课程、中国人对国外母语非汉语者进行一对一汉语教学、东南亚国家的华文教育是否应该归属汉语国际教育的问题）？汉语国际教育的内容、层次、形式如何界定，是专属于高等教育领域，还是囊括从简单的汉语识字到汉语语言研究的所有层次？这些认识都是在汉语国际教育实践中需要进一步明确的。

汉语语言断句习惯产生的歧义，也会给汉语国际教育的理解带来一定的偏差。《汉语国际教育硕士专业学位设置方案》对汉语国际教育的释义无疑是认识、理解汉语国际教育的重要学理依据。但是，在汉语语言习惯的影响下，人们习惯于从“面向海外”或“面向海外母语非汉语者”几个地方将句子断开。不同的断句其意义大相径庭，极易造成对汉语国际教育的模糊认识和错误解读。例如，以“面向海外”为界，人们很容易错将汉语国际教育理解为在中国地域内进行的，针对“海外的母语非汉语者”的汉语教学才算是汉语国际教育。这样一来，作为当前我国汉语国际推广重要形式的孔子学院就被排除在汉语国际教育之外，明显背离了汉语国际教育这一国家事业的本质。事实上，孔子学院无疑是汉语国际教育的主要形式之一。早在国家提出汉语国际推广战略之初，孔子学院就作为一种“走出去”的重要的汉语国际推广方式而存在；在汉语国际教育这一名称正式确立之后，孔子学院更是充当了汉语国际教育的生力军。如果基于《汉语国际教育硕士专业学位设置方案》给定的汉语国际教育释义，并按照传统的汉语语言断句习惯进行断句，就可能会产生这种歧义。当然，这种因语言断句习惯所产生的理解偏差是因人而异的。之所以在本书中将其明确提出来，是因为想要尽可能完备地呈现每一种汉语国际教育理解偏差的可能，以使本书所提的汉语国际教育理解言之有理且相对完备。

2. 汉语国际教育内涵再认识

在《汉语国际教育硕士专业学位设置方案》给定的释义的基础上，从语言学和发展目标的角度出发，我们进一步展开对汉语国际教育内涵的再认识。

（1）基于语言学的汉语国际教育再认识

从语言学的角度来看，中文语句的核心是“主谓”成分或者“主谓宾”成分，句中修饰性、限定性成分的省略无碍于人们对句子本义的理解。在“汉语国际教育是指面向海外母语非汉语者的汉语教学”这一释义中，主语是“汉语国际教育”，谓语为“是”，宾语是“汉语教学”，去掉其中的限定性表达即为“汉语国际教育是汉语教学”。“教育”与“教学”是两个非等同的概念。教育泛指一切培养人的活动，教学（狭义）专指课堂上教师的“教”和学生的“学”的活动。从这个意义上看，将汉语国际教育与汉语教学相对等的提法显失合理。实际上，汉语国际教育理应被看作一个专门的知识领域，走专业化发展道路是提高汉语国际教育水平的重要途径。在此认识上，汉语国际教育是多种汉语教学形式、多个汉语教学层次、多种汉语教学类别的综合体，可以囊括从小学到研究生教育的所有层次，包括语言培训、汉语文研究等多个形式，可以依托孔子学院、高等学校等不同的载体展开。

（2）基于发展目标的汉语国际教育再认识

《汉语国际教育硕士专业学位设置方案》给定的概念并非为世界范围内的汉语教学找到一个共同的概念，而是在于探寻一种与“请进来”相结合的、以“走出去”为主的汉语教学模式，服务于国家汉语国际推广战略。从这个意义上看，汉语国际教育并非对外汉语教学的高级阶段，而是对外汉语教学的一种延伸。汉语国际教育与对外汉语教学是一个体系的两个方面，具有多样化、多层次、普及型的教学形式特征。

综上所述，对于汉语国际教育的理解，我们理应保持一种认识：“汉语国际教育”这一提法是从国家的汉语国际推广战略中发展而来的，以“汉语国际教育”替代“汉语国际推广”的名称表述，并非为了给世界上各种各样的汉语教学找到一个统一的名称。作为一种学理探讨，我们不能将汉语国际教育与当下世界范围内所有的汉语教学等同起来，而是理应将汉语国际教育的概念理解和内涵认识纳入国家语言文化推广的战略背景下，从实然状态[1]上把握其本质。在狭义上，汉语国际教育可理解为一种以汉语教学组织实施者为施教主体，以海外母语非汉语者为施教对象，以汉语教学为基础的特殊汉语教学活动；在广义上，汉语国际教育可理解为以在海外对母语非汉语者实施的汉语教学（孔子学院、孔子课堂等组织机构实施的汉语教学）、中国高校来华留学生汉语教学（包括非学历教育的语言培训和学历教育的相关汉语教学）、对外汉语人才的培养（面向中国学习者的各类对外汉语专业教育，如对外汉语本科、汉语国际教育硕士专业学位等）、机构培训（以海外母语非汉语者为对象的汉语培训）等为主要内容的多种汉语教学活动的总称。只要满足了汉语国际教育的本质要求，即推广中国文化、传播中华文明，无论是以远程教育、函授教育、一对一汉语培训的形式进行，还是以高等学校、孔子学院或孔子课堂、机构培训的模式展开；无论是低层次的汉语培训、语言学习，还是较高层次的专业人才培养及汉语文研究，都是汉语国际教育的有机组成部分。[2]

---

[1] 实然状态是指当下已经实际发生、现实存在的状态。

[2] 何建.高校汉语国际教育探索[M].长春：吉林人民出版社，2021：8.

二、汉语国际教育的特征

（一）教育对象的特殊性

汉语国际教育针对海外母语非汉语者进行，在一般情况下，其学习对象主要是外国人，这与其他教育存在明显差别。汉语国际教育对象的特殊性一方面与国家发展汉语国际教育的目的有关，另一方面体现了汉语国际教育“走出去”推广中国文化、传播中华文明的价值导向。不仅如此，具体到高等学校一个班级、孔子学院一个班级的汉语国际教育来看，其受教对象在一个班上的年龄差异、学习动机差异、原有的知识水平差异、学习心理差异也普遍存在。例如，有的学习者可能是小学生、家庭主妇，他们没有汉语基础，因喜欢汉语而接受汉语国际教育；有的学习者可能是跨国企业或国际商贸领域的从业者，他们有一定的汉语基础，出于提升汉语交际能力的需要前来学习；有的学习者可能是中国文化研究者，因对中国文化感兴趣而接受汉语国际教育。由此可见，与其他教育相比，汉语国际教育在教育对象上，既有国籍、母语等方面的特殊性，也有年龄跨度、从业领域等方面的特殊性。

（二）教育内容的丰富性

汉语国际教育并不是简单的“教汉语”，而是借助语言这一文化载体，传播中华文明。从深层上看，汉语国际教育其实是汉语国际教育，是一种文化的传输，这意味着汉语国际教育在内容上不仅涵盖语言（包括构成语言的文字）的听、说、读、写，还涵盖传统中国文化的书法艺术、剪纸艺术、戏曲表演、历史常识、文化简史等。从广义上看，汉语国际教育还包括对外汉语人才培养、汉语国际教育师资养成等教育形式。这些汉语国际教育既有专业知识的教育，也有专业教学的教育，其中包含汉语国际教育教学方法训练、教学内容选择、教学组织实践、教学模式改进等多方面的教育内容。

（三）教育层次的丰富性

汉语及其所承载的中国文化是汉语国际教育的核心内容。无论是构成语言的字、词、句，还是由语言所组成的文章，乃至语言自身所承载的语言艺术、历史巨著、书法艺术等都是文化的重要组成部分。就中国文化而言，汉字的字形、字体、书写艺术、书法艺术，以及经典名著、诗词歌赋、人文历史等都是文化的重要组成部分。在汉语国际教育实施过程中，不同的学习者在学习心理、学习动机、知识背景方面均有所差异，故其所选择的学习内容也就各有差别。而不同的教学内容，其学习层次又是不同的，如学历教育的汉语国际教育、非学历教育的汉语国际教育、小学阶段的汉语国际教育、中学阶段的汉语国际教育、本科阶段的汉语国际教育、研究生阶段的汉语国际教育等。

（四）教育形式的多样性

汉语国际教育为学习者提供了多样的教学内容选择，使那些处于不同年龄层次、具有不同学历水平、不同学习需求的人都可在其中找到自己所需的学习内容。丰富的教育内容背后，是汉语国际教育形式的多样性。例如，远程教育形式的汉语国际教育，让学习者可以抛开时间、空间的限制，依靠现代信息技术完成汉语学习；机构培训形式的汉语国际教育，让学习者可以自由、灵活地选择进入不同的汉语学习群体进行汉语学习。此外，还有正规的有组织的高校汉语国际教育（如来华留学生汉语教学、对外汉语教学专业人才培养等）、孔子学院（孔子课堂）组织实施的汉语国际教育等多种不同的形式。

（五）教育属性的多元性

从实践层面看，汉语国际教育具有“教学”的含义；汉语国际教育要走向深入发展，专业化、学科化将是其不容回避的路径选择，所以说，汉语国际教育也具有“学科”（或未能上升到学科，属于具体人才培养单位的专业，属于一个特定的研究领域）的含义；联系到国家汉语国际推广的战略背景，汉语国际教育无疑具有“国家事业”的含义。

1. 教学

在一般意义上，教学是“教师将知识、技能传授给学生的过程”。这个教学过程从宏观层面来看，涉及总体设计、教材编写、教学实施和考试评价四个内容。汉语国际教育作为一种以汉语为基础的教学活动，其归根结底是要根据教学活动自身的特点和规律，做好汉语国际教育（作为一种具体的语言教学活动）的总体设计。具体内容包括：明确汉语国际教育这一语言教学活动的教学目标、教学内容、教学组织形式，明确汉语国际教育的教材编写和选用，以讲授法、活动法等不同的教学方法展开汉语国际教育的教学工作，对一定时期、一定组织内的汉语国际教育教学效果进行评价，尤其是对学生学习效果的评价等。若要按照这一流程展开，就需要明确汉语国际教育的类型、层次、组织形式，进而对不同类型、层次、组织形式的汉语国际教育确定不同的总体设计，编写或选用不同的教材，进行不同的教学实施、不同的考试评价等。例如，对于高等学校的来华留学生教育，可以依据学历教育或者非学历教育的语言培训划定不同的培养目标，确定不同的修业水平和修业年限；对于孔子学院或者孔子课堂的汉语国际教育，可以依据不同国家的具体情况在修业年限、教材选用、教学实施方面进行因地制宜地调整等。从当前的汉语国际教育教学实践来看，不仅有汉语言培训教学——短期的汉语识字、汉语言应用教学、汉语预备教学，还有汉语言的本科教学——高等学校的汉语文专业教育以及汉语言专业下多种方向的教学；不仅有一般的进修学习，还有强化教学；不仅有一般的汉语教学，还有职业汉语教学，如商务汉语、旅游汉语、医学汉语等；不仅有低层次的汉语学习，还有高层次的汉语研究；不仅有班级授课制的汉语国际教育，还有一对一的汉语教学辅导等。

2. 学科

学科是对高校人才培养、教师教学、科研业务隶属范围的相对界定的理解。在一般意义上，在高等学校成为一个学科的基本标志是：①有独立的名称；②有专门的研究领域；③在高等学校开设专业培养人才；④有专门的研究人员和理论基础。就汉语国际教育的学科属性来看，在2008年，国务院学位委员会将“汉语国际教育”列为“中国语言文学”下面的二级学科。当然，从实际情况来看，汉语国际教育在一些基本问题的认识上、在学科体系和理论框架构建上还有诸多尚待深入的地方。

作为一个学科，汉语国际教育不仅包括教学，而且包括和教学密切相关的理论研究和系统研究。汉语国际教育在一定程度上是由对外汉语教学发展而来的，在很大程度上以高等教育领地内的专门知识分类而展开。在现有认识下，学界将对外汉语教学的基础学科确定为语言学、心理学和教育学，并以语言学理论、心理学理论和教育学理论作为对外汉语教学的基本理论。在这种理解下，围绕汉语国际教育和对外汉语教学的关系以及汉语国际教育固有的特殊性展开，汉语国际教育的学科基础除了包括语言学、心理学、教育学之外，理应还包括传播学、跨文化交际学、神经生理学等内容。首先，汉语国际教育虽然以传播中国文化、传扬中华文明为核心，但其载体仍旧是汉语这一基本语言。其次，汉语国际教育从大处说是达成国家汉语国际教育推广战略的具体手段，是一种文化的传扬和输出，因此还涉及传播学的内容。最后，汉语国际教育是一种语言教学，涉及教学心理、教师心理、学生心理、学习心理、文化心理等诸多内容，因此还涉及教育学、心理学的内容。在这四个学科中，语言学重点研究“教什么”“如何学”“怎么教”这三个问题，以及这三者之间的相互关系。

事实上，学科和教学既有区别，又有密切联系。通过系统的研究，我们才能认清应该对学习者教什么，了解学习者按什么顺序习得语言项目，用什么策略学习语言知识、掌握交际技能，明白用什么教学方法、教学顺序、教学手段才能取得最好的教学效果。只有这些研究有了阶段性成果，才可能促使教学有阶段性的发展。

3. 事业

汉语国际教育除具有教学、学科的基本属性之外，还是一项国家和民族的事业，是一项国家的汉语国际推广事业。2021年，教育部提出，未来将立足新发展阶段、坚持新发展理念，以坚持稳中求进、完善体制机制、强化改革创新、推动可持续高质量发展为主题，以完善标准体系、办学体系、传播体系为主线，以培育新模式新业态、提升国际传播能力为突破，努力开创国际中文教育新发展格局。一是健全标准体系。动态修订教师、教材、教学、考试、评估等系列标准，大力提升标准的时代性、适用性，建立健全科学规范、系统完备的国际中文教育标准体系，加强《国际中文教育中文水平等级标准》等系列标准应用推广。二是加强资源建设。加强教师、教材、教学、考试等国际中文教育资源建设，巩固拓展国际中文水平考试、汉语桥系列大赛、国际中文教师奖学金、新汉学计划、国际中文教育实践与研究基地、国际中文日等品牌建设，发挥示范引领作用。三是完善办学体系。在继续办好孔子学院，推动朝民间化、专业化、本土化方向发展的同时，积极配合各国中小学开展中文教学，创新支持中外高校合作设立中文专业，合理布局中文学习测试中心、网络中文课堂，积极将华文教育、国际学校等纳入支持框架，构建开放包容和多主体、多模式、多层次的现代国际中文教育体系。四是开展在线教育。继续打造“中文联盟”数字化云服务平台，推动“全球中文学习平台”建设，培育国际中文在线教育新模式、新业态。五是发展“中文＋职业技能”教育。鼓励国内职业教育机构、中资企业参与国际中文教育，促进职业技能与国际中文教育“走出去”融合发展，推动各国经济发展和民心相通。六是推动中文教学本土化发展。根据各国实际需求，通过派遣中文教师、志愿者，赠送和销售中文教材，联合培养本土中文教师，以及中外专家联合研发统一使用的教学大纲、考试大纲等多种方式，配合支持各国开展中文教育。七是拓展中外语言交流合作。提高中文服务能力，为来华旅游、留学、工作、居住人民提供语言支持，进一步推动中文成为更多国际组织、国际会议官方语言或工作语言，促进世界多元文明互学互鉴。由此可见，汉语国际教育并不仅仅限于一般意义上所说的教育，而是一项集政策性、政治性和策略性于一体的国家事业。

三、汉语国际教育的类型

（一）基于施教主体角度的分类

从施教主体的角度来看，可以将汉语国际教育分为职能型汉语国际教育和授权型汉语国际教育。所谓的职能型汉语国际教育，是指按照组织机构自身的职能展开延伸而进行的汉语国际教育，典型的有以高等学校为主体所进行的汉语国际教育、相关学校组织的各类对外汉语教学等。所谓的授权型汉语国际教育，是指某一组织机构通过国家授权而展开的汉语国际教育，典型的有孔子学院和孔子课堂、相关汉语培训机构实施的汉语国际教育。这些机构是国家依据汉语国际推广的需要所设立，并授权其开展汉语国际教育活动的。

1. 职能型汉语国际教育

人才培养是学校的一项重要职能，其有不同的规格、层次和类型。在现代社会，国际学术交流、开放培养人才，既是各类学校发展的重要途径，也是学校职能的有效拓展方式。汉语国际教育作为一种人才培养活动，从一般意义上看，它更多的是高等学校在人才培养具体类型上的延伸。当然，由于汉语国际教育的特殊性，再加上学科知识和学科基础发展的相对不完备，国内高校在开办这一专业时更多地需要依资格进行申请。[1]国家汉办首批确定了24所高校为开设汉语国际教育硕士专业学位教育的院校，其重点是通过开设汉语国际教育硕士专业学位教育，为开展对外汉语教学培养人才和师资。

2. 授权型汉语国际教育

孔子学院和孔子课堂的汉语国际教育是典型的授权型汉语国际教育，这一组织机构是因国家汉语国际推广需要而设立的，国家授权其在海外开展汉语国际教育。孔子学院和孔子课堂并非一般意义上的教学机构，而是以开展汉语教学为主要活动内容的中国语言文化推广机构。严

[1] 需要说明的是，“汉语国际教育”虽然在2008年成为“中国语言文学”下设的二级学科，但并不面向本科阶段办学，仅有在研究生阶段招生的“汉语国际教育硕士”，且在2010年汉语国际教育硕士被明确定位为专业学位教育，与学术型硕士迥然不同。

格来说，孔子学院和孔子课堂是一个非营利性的社会公益机构，一般都是设在国外的大学和研究院之类的教育机构中，其主要职能是提供形式多样和符合用户需求的面授及远程汉语教学、培训课程，开展标准化教师培训和汉语教学能力认证，提供留学生中国资讯，支持开展当代中国研究，举办传播中国文化的活动。它可以给世界各地的汉语学习者提供规范、权威的现代汉语教材，提供最正规、最主要的汉语教学渠道。

孔子学院和孔子课堂致力于适应世界各国（地区）人们对汉语学习的需要，增进世界各国（地区）人们对中国语言文化的了解，加强中国与世界各国（地区）教育文化的交流与合作，发展中国与外国的友好关系，促进世界多元文化发展，构建和谐世界。孔子学院和孔子课堂的设立方式有三种，即国内外机构合作、总部授权特许经营、总部直接投资。当然，并不是所有的孔子学院和孔子课堂都需要由中国政府创办或者由中国政府与国外机构合办，也并不是所有的孔子学院和孔子课堂都是中国政府的主体行为。《孔子学院章程》第九条明确规定："中国境外具有从事语言教学和教育文化交流活动能力且符合本章程规定申办者条件的法人机构，可以向孔子学院总部申办孔子学院。"

（二）基于受教主体角度的分类

1. 面向非中国国籍的人群所进行的汉语国际教育

面向非中国国籍人群所进行的汉语国际教育，即面向那些不具备中国国籍的、母语非汉语者所开展的汉语国际教育。在当前的汉语国际教育中，面向海外设立的孔子学院和孔子课堂组织实施的汉语国际教育就属于这种类型。从受教对象来看，无论是孔子学院还是孔子课堂，其针对的人群大多是国外那些非中国国籍的汉语学习者。当然，我们也应该看到，在孔子学院和孔子课堂中，不排除存在极个别的具有中国国籍的汉语学习者。

2. 面向中国国籍人群所进行的汉语国际教育

面向中国国籍人群所进行的汉语国际教育，典型的有汉语国际教育硕士专业学位教育、对外汉语教学专业教育，以及对那些已取得中国国籍的母语非汉语者所进行的汉语教学等。从汉语国际教育硕士专业学位教育来看，其教育对象更多的是那些已取得学士学位、有志于继续从事汉语国际教育的中国人；从对外汉语专业教育来看，其大多面向中国学生招生，旨在培养汉语国际教育师资。此外，在当前的汉语国际教育中，还存在一部分因工作、婚姻而取得中国国籍的母语非汉语的外国人，他们出于提升自身中文语言交际能力和中国文化理解能力的需要，进入大学课堂、孔子学院或孔子课堂接受汉语学习，这也属于汉语国际教育。

（三）基于动作发生地的分类

汉语国际教育是一种面向海外母语非汉语者的汉语教学活动，其强调的是“海外母语非汉语者”这一受教对象。整个汉语国际教育的动作，既可以在中国区域内进行，也可以在非中国区域内进行。从动作的发生地来看，汉语国际教育又可以分为在中国区域内进行的汉语国际教育和在非中国区域内进行的汉语国际教育两类。

1. 在中国区域内进行的汉语国际教育

在中国区域内进行的汉语国际教育，如当前国内高校中普遍存在对来华留学生进行的汉语教学活动。严格来说，除高校外，在中国区域内还存在以汉语言培训机构、各类留学机构为主体对海外母语非汉语者进行的汉语教学活动。

2. 在非中国区域内进行的汉语国际教育

在非中国区域内进行的汉语国际教育，如遍布世界范围的各类孔子学院和孔子课堂，即只要是动作发生地在非中国区域内，具备汉语国际教育基本构成要件的汉语教学活动都可以归入此列。显然，这种分类与前面提到的基于施教主体的汉语国际教育分类有很大程度上的相似，但区别两者的核心之处在于前者着重考查动作由谁发出，而后者着重考查动作在何处发生。

第二节　汉语国际教育的背景

汉语国际教育作为一类教育活动，其存在、发展与外部社会环境（宏观背景）高度依存，汉语国际教育过去的历史、现在的发展、未来的走向均与此密切相关。

一、汉语国际教育开设背景

（一）时代背景

改革开放以来，中国经济迅速发展，国际地位不断提升。在政治、经济、文化等领域，中国均显现出比以往更加积极和主动的态势。教育方面也不例外。尤其在全球化背景下，我国不仅注重吸纳国外优质教育资源与文化，而且更加注重向世界宣传中国文化精髓，提升中国国际影响力。我国已将“中国文化走出去”提升为国家战略，而汉语与中华文化传播是“中国文化走出去”战略规划之一。为提升中国语言文化影响力，使汉语走向世界，我国自2004年开始在海外设立孔子学院。孔子学院的开设借鉴了法国、英国、西班牙、德国等国家推广本民族语言的丰富经验，经过较长时间调研和论证之后而开设的，其主要宗旨为教授汉语和传播中国文化。我国孔子学院开设初期发展较快，到2006年年底，全球已启动孔子学院（包括孔子学校、孔子课堂）122所，分布在49个国家和地区。随着孔子学院的建立和发展，当时需要大批汉语教师，用以充盈海外孔子学院的师资队伍。除此之外，自1984—2006年，世界各国学习汉语的需求也相应增多，这对国际汉语师资提出了更高要求。世界各大“汉语热”国家，不仅要求汉语教师在数量上有所保证，还要求其在专业素质和跨文化交际能力方面有所提升。截至2006年，全球100多个国家近3 000所高等学校开设了汉语课程和专业，很多国家已将汉语纳入国民教育体系，如英国、韩国、泰国、越南、印度尼西亚、马来西亚等。有的国家已经实现所有大学均开设中文课，如韩国。美国新开设汉语课程的学校数量和学习汉语的学生人数均大幅增加。拉美、中东和非洲国家学习汉语的人数也在迅猛增加。海外“汉语热”不断升温的形势，要求我国在原有专业基础上开设一个新专业，这个新专业的使命主要是面向海外培养高层次、应用型、复合型高级汉语教学人才，汉语国际教育正是在这样的时代背景下应运而生。

（二）专业背景

1. 国外专业硕士发展态势良好，国内专业硕士发展已经起步

专业硕士学位在欧美国家起步较早，发展较成熟。1936年，哈佛大学时任校长科南特先生在哈佛大学设置了教育硕士专业学位。这一学位的设立，标志着人类历史中出现了第一个教育专业硕士学位。随后，美国各种非研究型的专业硕士学位，如社会工作硕士、公共卫生硕士、城市规划硕士等相继出现。尤其在1945年之后，美国经济迅猛发展，社会需要大量专门人才，于是出现了专业学位硕士数量超过学术学位硕士数量，并占据美国硕士研究主导地位的情形。与此类似，英国专业硕士教育产生时间晚于美国半个世纪，但与中国相比，英国起步早、发展快。1945年之后，英国经济迅速恢复和发展，各行各业急需高级应用型人才，于是专业硕士应运而生。21世纪以来，英国专业硕士研究方向不断增加，逐步向多样化、多学科方向发展。英国教育统计机构的统计数据显示，英国每年授予的专业型硕士研究生学位数占总数比重平均为75%。与之相比，我国专业硕士开设时间较晚，但发展较快。1991年，我国从西方引进专业硕士教育，截至2006年，我国批准招收培养专业学位研究生的单位已多达401个，占硕士学位授予单位的56.2%，专业学位研究生招生总数已多达57万人。在汉语国际教育硕士专业学位开设之前，我国已开设专业学位16类，分别是：教育硕士、法律硕士、工商管理硕士、体育硕士、艺术硕士、建筑学学士硕士、农业推广硕士、风景园林硕士、兽医硕士博士、口腔医学硕士、临床医学硕士、会计硕士、公共卫

生硕士、工程硕士、军事硕士、公共管理硕士。由此可见，国内外专业硕士良好的发展态势，为我国汉语国际教育硕士专业学位的成功开设奠定了坚实基础。[1]

2. 对外汉语教学学术硕士培养经验丰富

对外汉语教学学术硕士的发展为汉语国际教育硕士专业学位的设立奠定了坚实基础。对外汉语教学方向研究生是汉语国际教育硕士的前身，汉语国际教育硕士是对外汉语教学方向学术硕士的延伸和发展。虽然两个专业从培养理念、培养目标、课程设置、培养方式到就业去向区别较大，但仍不能否认二者的亲缘关系，两个专业的核心理论基础均是汉语语言本体、语言学理论、二语习得和汉语教学法。

早在1986年北京大学、北京语言大学就已开始招收对外汉语教学方向研究生，之后南京大学、华东师范大学、南开大学等院校也陆续招收此方向研究生。为进一步调整优化学科专业结构，拓宽研究生培养口径，增强毕业研究生对社会需求的适应性，国务院学位委员会与原国家教育委员会于1997年6月6日联合颁布了新修订的《授予博士、硕士学位和培养研究生的学科专业目录》。汉语文字学、现代汉语和汉语史三个专业在新颁布专业目录中合并为“汉语言文字学”，目录中一级学科“中国语言文学”下设立了二级学科“语言学及应用语言学”，具备条件的学校可以在此学科下招收对外汉语方向的学生。于是，各高校分别将开设在“现代汉语”专业之下的“对外汉语教学方向”进行了调整，将“对外汉语教学方向”设在二级学科“语言学与应用语言学”或“汉语言文字学”之下。由此可见，对外汉语方向学术硕士研究生培养工作经历多年的发展之后，已经取得了较大成就。随着学科理论建设的不断成熟和发展，对外汉语教学学术硕士不仅认真总结研究生培养的经验、教训，而且积极吸收学位与研究生教育的各项相关研究成果，大胆借鉴国内外先进的研究生培养和管理模式，使得本学科硕士研究生的培养过程不断规范。

[1] 李睿.跨文化视域下汉语国际教育研究[M].哈尔滨：哈尔滨出版社，2020：10.

对外汉语教学方向学术硕士培养走过20年发展之路后，国家汉办于2006年根据汉语国际推广新形势，提出了“六大转变”：一是从对外汉语教学向全方位汉语国际推广转变；二是从“请进来”学汉语向加大汉语“走出去”转变；三是从专业汉语教学向大众化、普及型、应用型教学转变；四是从主要靠教育系统推广向系统内外共同推广转变；五是从政府行政主导为主向政府推动为主、加强市场运作转变；六是从纸质材料面授为主向发展多媒体网络等多样化教学转变。新形势、新政策迫切要求新专业的产生，在此专业背景下，汉语国际教育硕士在传统的对外汉语教学学术硕士的基础上发展起来。

二、汉语国际教育的发展背景

从2007年国务院学位委员会提出“汉语国际教育”这一名称至今，汉语国际教育在规模上、质量、效益上都取得了相当程度的发展。汉语国际教育作为一项综合性的教学活动，其发展是多维度的，既有参与者人数的增加，也有教学材料的变化和积累，还有评价标准、外部支持等方面的变革。围绕汉语国际教育发展的相关因素，目前汉语国际教育的发展背景具有以下几方面的特点。

（一）汉语学习人数不断增加

近年来，随着“汉语热”的持续升温，汉语学习人数激增已成为不争的事实。在与中国交往较为密切的部分国家和地区，汉语学习还呈现出从高等教育领域向初等教育、幼儿教学扩展的趋势。据不完全统计，世界各国学习汉语的人数，很多国家都是以50%以上的速度增长，全世界现在学习汉语的人数已经超过了1亿。在专业化的汉语国际教育上，全国已有400多所高等学校开展了长、短期的对外汉语教学，共接收来自189个国家和地区的22.3万各类留学生。北京语言大学、北京大学、北京师范大学、复旦大学、华东师范大学、南京大学、南京师范大学、南开大学、厦门大学等10余所高校，其每年的在校留学生都在千人以上。就汉语国际教育的外向发展而言，许多世界著名大学中建立了孔子学院。典型的有美国的加利福尼亚大学洛杉矶分校、澳大利亚的墨尔本大学、俄罗斯的莫斯科大学、日本的早稻田大学、英国的爱丁堡大学等。孔子学院已成为各国学生学习汉语言文化、了解当代中国的主要平台，甚至成为中国“大外交”和“大外宣”的一个重要组成部分。与此同时，在美洲、欧洲、非洲的多个国家和地区，孔子课堂采取因地制宜、灵活多样的办学形式，面向大中学校、社区和企业，教授汉语，推介中国文化。

（二）汉语国际教育机制逐步形成

从中华人民共和国成立初期摸着石头过河的“交换生”教育到今天形式多样的汉语国际教育，其管理制度、机构设置也得到了进一步的健全和完善。为保证汉语国际教育工作健康、有序、顺畅、高效地运行，我国设立了“国家汉语国际推广领导小组办公室”（国家汉办）。国家汉办直属于教育部，是司职汉语国际教育的专门性机构，旨在负责制定汉语国际推广的方针政策和发展规划，支持各国各级各类教育机构开展汉语教学，在多个国家和地区与大学和中学合作；制定对外汉语教学标准并组织评估，开发和推广汉语教材；制定对外汉语教师资格标准并开展培训，选派出国对外汉语教师和志愿者，实施汉语作为外语教学能力认证；制定对外汉语教学网络建设标准，构建相关网络平台并提供资源，开发和推广各种对外汉语考试，指导中国孔子学院总部及各类孔子学院的建设。

在国家汉办成立并不断规范指导汉语国际教育发展的同时，全国多个省、市、区教育主管部门将汉语国际推广列入教育工作议程，成立相应的教育领导小组，制定工作规划，极大地促进了汉语国际推广工作。除了高等教育主管部门、高等学校、出版机构之外，还有为数众多的中小学、企业（如文化教育公司、计算机网络公司等）也加入汉语国际推广工作中，基本上实现了汉语国际教育推广机制从教育系统向系统内外、政府民间、国内国外共同推进转变，推广模式从政府的行政主导为主向政府推动的市场运作转变。

（三）汉语水平考试制度逐步健全

汉语水平考试是衡量各汉语学习者汉语学习水平的重要手段。在过去相当长一段时期内，缺少专门的汉语水平考试制度和专业性的汉语水平测试组织，汉语水平考试大多停留在“教师考学生”“语言对话”的浅显层面上。20世纪90年代，随着全球汉语学习人数的增长，传统的“教师考学生”的汉语水平考试方式亟待改进。在这一背景下，北京语言大学汉语水平考试中心设计研制了中国汉语水平考试（简称HSK），并于1990年2月通过专家鉴定正式开考。今天，HSK考试已经在逐步发展中成为国家汉语水平考试委员会、北京语言大学汉语水平考试中心共同负责的国家级汉语水平标准化考试，相应的HSK汉字、词汇、语法等级标准和等级大纲逐步得到完善，基础汉语水平考试，初、中等汉语水平考试和高等汉语水平考试三个层次的汉语考试认证制度不断发展。在汉语水平考试人数激增的同时，为保证考试的延续性和评价的多元性，继2006年10月商务汉语考试（简称BCT）在新加坡实施海外首考之后，2007年4月15日，BCT考试在全国20所院校举行中国国内首次正式考试。目前，BCT考试已在新加坡、韩国、美国、日本、比利时、泰国等国家正式开考，并呈现不断扩大和持续发展的势头。除了传统的以成人为主体的HSK考试、BCT考试之外，由国家汉办主持开发的少儿汉语考试（简称YCT）也于2006年在新加坡首次推出，2007年开始在全世界推广，目前已在我国、日本、俄罗斯、泰国、韩国、菲律宾等国家和地区成功开考，并得到了当地汉语学习者的喜爱和欢迎。

随着HSK、BCT、YCT等考试在世界范围内的不断深入发展和参考人数的持续增长，为使HSK考试更好地满足海外不断增长的汉语学习者对汉语考试的新要求，2009年11月，国家汉办组织中外专家，在充分调查、了解海外实际汉语教学情况的基础上，借鉴近年来国际语言测试研究最新成果，重新研发并逐步推出新汉语水平考试（简称新HSK）。新HSK考试是一项国际汉语能力标准化考试，重点考查汉语非第一语言的考生用汉语进行交际的能力。新HSK考试和旧HSK考试在考试形式、考试内容以及难易标准上都有了较大差异。至此，国家汉语水平考试进入了一个新的发展阶段。实际上，汉语水平考试一方面在高层次的汉语国际教育中充当着准入门槛的角色，另一方面也为世界范围内的汉语国际教育确立了一个相对统一的基础性评价标准。

（四）汉语教材建设取得明显实效

汉语国际教育强调针对海外母语非汉语者进行。就实际情况而言，现有的汉语国际教育受教育对象一般并不具备汉语学习基础。在当前多样化的汉语国际教育背景下，建设一套能针对多个受教对象的，具有高度适应性的汉语国际教育教材十分有必要。近几年来，国家汉办、北京语言大学、世界汉语教学学会以及国内各类有关的汉语国际教育组织围绕汉语国际推广这一主线，采取“一纲多本”的政策，增强了各地各校编写汉语国际教育教材的积极性，目前已初步建立起了从低级到高级，适应各方面需要的汉语国际教育教材体系。不仅如此，国家汉办自成立以来，通过课题立项、专项资助、委托研究等形式积极支持汉语国际教育教材开发工作。通过几年的发展，汉语国际教育教材开发无论是在数量上还是在质量上都取得了明显的效果，针对不同语种和国家的汉语国际教育教材相继问世，如英语区教材、韩国教材、泰国教材、阿拉伯语区教材等。此外，还有针对不同职业或阶层的教材，如商务汉语教材、旅游汉语教材、儿童汉语教材、汉语学历教育教材等。

为积极应对汉语国际教育在不同国家、不同地区、不同文化环境的师资适配性问题，汉语国际教育师资培养机制改革也随之展开。具体工作包括：①改进汉语国际教育本科教学，加大外语、外国文化、跨文化交际、中国文化才艺、国外中小学教学法等内容的学习训练，加大汉语教学实习尤其是到海外实习的分量；②对国内文科相关专业的学生（尤其是外语专业的学生）进行汉语作为外语教学方面的短期培训，使之能胜任相关工作；③设置汉语国际教育硕士专业学位，培养适应汉语国际推广工作，胜任汉语作为第二语言/外语教学的高层次、应用型、复合型专门人才；④扩大外国本土教师的培养培训规模。

在这些举措的指引下，北京语言大学、厦门大学、延边大学、云南师范大学等国内先期开展汉语国际教育师资培养的学校不断创新汉语国际教育师资培养模式。例如，云南师范大学采用“2+2模式”“3+1模式”探索汉语国际教育师资培养的新模式。经过近几年的发展，一批具备较深汉语素养，具有异国文化适应力和较强汉语国际教育水平的师资队伍得以形成和外输，汉语国际教育师资在不同国家和地区的适配性问题得以部分解决，汉语国际教育的师资培养及输出水平明显提高。

（五）学科建设进程逐步深化

在汉语国际教育的学科发展上，2008年，“汉语国际教育”被列入“中国语言文学”之下的二级学科。在这一基础上，北京语言大学、北京外国语大学等高校开展了不同程度的汉语国际教育学科化研究，力图在汉语国际推广的新形势下构筑汉语国际教育的专门学科体系（有的称作国际汉语教学学科）。就个体层面的学术性研究而言，陆俭明、崔希亮、王路江、刘珣、周小兵等学者也在各自的研究中提到了汉语国际教育学科化的构想。从国家政策的层面看，近年来，国家建立了国家级的人文社会科学重点研究基地——汉语国际教育研究院，并正逐步在一部分留学生办学条件较好、办学水平较高、办学基础较扎实的高等学校建设了一批汉语国际教育教学基地，以便在教学、科研、教材建设、师资培训和国内外学术交流等方面发挥示范作用。

在汉语国际推广的标准化建设方面，首先，汉语国际教育学习资助体系逐步确立。近年来，国家汉办等相关部门设立了面向海外的对外汉语教学基金——汉语桥基金，加强了与国外汉语教学界的联系、交流与合作，加强了对国内外汉语教师的培训工作，世界范围内的汉语国际教育学习资助体系初步得以建立。其次，汉语国际教育的标准化要求逐步形成。2007年年底，国家汉办组织国内外人才在合理吸收若干国外语言教学大纲经验的基础上，提出了汉语国际教育的三个标准——《国际汉语教师标准》《国际汉语能力标准》和《国际汉语教学通用课程大纲》。在这三个标准要求中，《国际汉语教师标准》对从事国际汉语教学工作的教师应具备的知识、能力和素质进行了全面描述，建立了一套完善、科学、规范的教师标准体系，为国际汉语教师的培养、培训、能力评估和资格认证提供了依据。《国际汉语能力标准》对国际汉语的总体能力、汉语口语和书面交际能力，分5级进行了描述，同时还列举出各种语言能力级别应完成的汉语应用任务，为国际汉语教学总体设计、国际汉语教学大纲的制订、国际汉语教材的编写提供了主要依据，也为评测汉语学习者语言能力以及开发、设计汉语能力考试提供了参照。《国际汉语教学通用课程大纲》对汉语作为第二语言课程目标与内容进行了系统且全面的梳理和描述，尤其是对课程目标及学习者所应具备的语言知识、语言技能、策略和文化意识等方面，进行了分级分类描述，为汉语教学机构和教师在教学计划制订、学习者语言能力评测和教材编写等方面提供了参考依据和参照标准。此外，孔子学院设立章程的确立也极大地促进了汉语国际教育的标准化进程，这些标准性建设既体现了汉语国际教育专业水平的提高，又为汉语国际教育的学科发展丰富了内容，创造了条件。

第三节　汉语国际教育的发展趋势

汉语国际教育伴随着人类多元文明的交互发展而产生、演进，在新的时代下，经济全球化的国际形势促进了汉语国际教育的新发展。

一、汉语国际教育的国别化

汉语与中国文化走向世界确实涉及很大的范围，但不是一个可以大而化之的问题，全球经济一体化的大环境使文化多样化凸显出来，因而汉语国际教育必须从国际化走向国别化。国际化原本就不是一个简单的概念，而国别化使得问题变得更加复杂，非“多元化”的理念与“多样性”的方法不能应对。

汉语国际教育最现实、最普遍的问题当然是汉语教学，随着时代的变迁与社会需求的增加，语言教学的理念与方法也需要与时俱进，教学理念的多元化必然会催生许多全新的教学方法，崔希亮先生认为：“任何教学法都是建立在教学理念之上的，而任何教学理念都有它自己的语言学理论作支撑，而语言学理论的发展变化与哲学思潮的变化又是紧密相连的……教学理念的多元化对教师、教材和教学法来说都是一种挑战，尤其是我们外派到不同国家和地区执教的汉语教师和汉语教师志愿者，要适应不同教学理念的要求，而这样的适应过程往往是痛苦的，在我们的教师培训过程中应该加进各种教学法及其教学理念的内容，还要加进将要派往的国家有关教育理念及相关传统的教育。”[1]

在汉语国际教育从国际化走向国别化的过程中，教材无疑是一个重中之重。刘珣先生在《对外汉语教育学引论》一书中指出：“教材是教师教学和学生学习所依据的材料，与教学计划和教学大纲构成学校教学内容的有机组成部分。在教学活动的四大环节中，教材占有很重要的地位。它是总体设计的具体体现，反映了培养目标、教学要求、教学内容、教学原则；同时教材又是课堂教学和测试的依据。因此，在第二语言教学中教材起着纽带的重要作用。教材体现了语言教学最根本的两个方面：教什么和怎么教。教材水平的高低不仅能反映教学理论和教学法研究的深度，而且在很大程度上决定教与学的效果。”[2]不同国家国情的差异必然会影响到汉语教学项目的选择和编排、课堂教学过程的设计、语言实践活动的组织等重要问题。所谓国别化教材，就是针对教学对象所在国家的母语背景、文化特色、社会状况以及教学对象的认知方式、表述需求、心理特征而编写的适用性教材。本书就从教材的编写方面分析汉语国际教育从国际化到国别化的深入发展。

在编写国别化教材方面，刘珣教授不仅有理论，而且有实践，中国改革开放伊始，他就主持编写了著名的汉语教材《实用汉语课本》，

---

[1] 崔希亮.汉语国际教育“三教”问题的核心与基础[J].世界汉语教学，2010（1）：73-81.

[2] 刘珣.对外汉语教育学引论[M].北京：北京语言文化大学出版社，2000：312.

之后，刘珣教授又与时俱进地主持编写了《新实用汉语课本》。在谈到这部新教材时，刘珣教授说："新教材不是老《实用汉语课本》的修订本，而是一套全新的教材，我们把它称为'实用汉语课本系列'的第二代……我们以结构、功能、文化相结合的理念作为新教材的编创原则，也就是说在结构、功能相结合的基础上又加上了一个文化……语言离不开文化，学语言不能不学目的语的文化，只有学好文化才能把目的语用得更地道。而且今天多元化的世界要求人们更能体认多元文化。我们在《新实用汉语课本》中，从初级阶段开始就大大加重了文化的份量。课文中加强了对中国文化的介绍，增强学生学习汉语的动机，并进行中、西文化对比，以引起讨论，增加课堂的趣味性。结构、功能、文化相结合是大部分中国大陆教师和学者所主张的对外汉语教学的理念和路子。"[1]这种理念和路子确实是有科学性的，"结构"体现语言的本质，"功能"便于学生学以致用，"文化"是语言应该负载的东西。教材在这几方面设计好了，用起来自然是事半功倍。目前，这套教材已在美国和加拿大普遍使用，成为北美经典的汉语教材之一。

总而言之，汉语教材国别化主要体现在内容和形式的国别化方面，应注意中外文化的差异和话语体系的不同，其内容应适合学习者的需求，其形式应符合学习者的习惯，这涉及教材的阐释语言、练习方法、编辑手段、媒体形式、装帧特色等诸多方面的国别化问题。此外，不同母语的学习者在学习汉语时重点与难点有很大区别，绝不是简单地从一种语言翻译成另一种语言就可以了，还应突出两种语言在"形""音""义""用"等诸多方面的相异之处。[2]

二、汉语国际教育的多元化

从对外汉语教学到汉语国际教育，有一个从单一性到多样性的问题。过去这方面主要是大学里的专业与非专业教育——包括中国的大学

---

[1] 陈亭均.与大师面对面——谈华语教学的过去、现在与未来——刘珣教授专访[J].华文世界，2011（12）：51.

[2] 李奕佳.汉语国际教育学科发展现状及教学策略思考[J].科学论坛，2021（3）：267.

和外国的大学，而现在正在呈现出一种社会化的趋势，社会各界人士出于各种需求都有可能学习汉语，这样就有一个从单一化到多元化的转变。汉语国际教育的多元化具体体现在以下两个方面。

（一）教学环境多元化

无论是第一语言还是第二语言的获得，都与环境有密切的关系。语言环境对第二语言的习得的重要意义是每个学习者都能体会到的。可以说，语言习得离不开环境，已成为人们的共识。就第二语言学习而言，分为在目的语的社会环境中和在非目的语社会环境中两种不同的情况。来华留学生在目的语环境中学习，学习的方式和效果与海外学习者母语环境中的教学都有很大不同。例如，在目的语环境中的学习者来自不同的国家和地区，他们有不同的语言背景和文化背景，因此采用的教材和使用的教学法是普适性的。而在学生母语环境中的汉语教学则与此不同，学习者的语言背景和文化背景相对比较单一，因此教材的选用就要有针对性，教学法的实施也会带有地域特点。

（二）学习目的多元化

学习目的多元化，也可以说是市场需求多元化。从整个来华留学生群体来看，学习者的目的千差万别，很难一言以蔽之。例如，想了解中国人的文化、习俗和艺术；便于欣赏中国的电影、电视剧、戏剧、歌曲等；希望到中国旅游；便于与说汉语的人交流，结识更多的朋友；想使自己显得更有知识和涵养，以此证明自己的能力；为了考大学或研究生，进一步深造；想毕业后直接用汉语从事外贸、外交、导游或其他有关工作。如此等等，不一而足。学习者学习需求的多元化，促使教师需要根据学习者的特点因材施教，根据学习者的要求随时调整教材和教学法。❶

三、汉语国际教育的体系化

汉语国际教育是一个集应用型、普及化为一体的多形式汉语教学

❶ 李宝贵.语言规划与汉语国际教育论集[M].大连：辽宁师范大学出版社，2018：180.

活动的总称，其具有多个不同载体、多种不同的组成形式、多个不同的教学内容、多组不同的教学模式。汉语国际教育要发展，其载体需要融合，教学形式需要规范，教学内容需要确定，教学模式需要不断调整。汉语国际教育的组织及实施是一个相对独立的体系，汉语国际教育应走体系化的发展道路。

“体系”是一个科学术语，泛指一定范围内同类事物按照一定秩序和联系组合而成的整体。所谓的体系化，就是使事物成为体系的过程。体系化的过程，实际上就是把割裂的、分散运作的、互不协同的组织机体的各部分重新组合起来，形成强大的组织力量，以实现组织目标。体系化又可简单地分为横向体系化和纵向体系化。横向体系化是指组织同级单位之间的协同，尤其是同级中心/部门之间的协同；纵向体系化是指上下层级之间的一致性和分工协调，这是一个平衡的问题，也就是如何在分权和集权之间平衡的问题。

联系对体系化的理解，我们可以对教育体系化和汉语国际教育体系化的概念进行简单理解。所谓的教育体系化，是指将整个教育活动形成体系的过程，即某个或某类教育活动从教学对象、教学主体、教学内容、教学材料、教学方法、教学手段、教学模式、评价标准、评价程序、教学实践、课程安排、修业年限等，形成一套前后相继的、相互促动的完备的教育体系的过程。在这一基础上，汉语国际教育的体系化可界定为：将汉语国际教育这一教学形式从汉语国际教育的教学对象、教学主体、教学内容（汉语识字、汉语言运用、汉语文化研究）、教学材料（汉语）、教学方法（讲授法、模仿法等）、教学手段（多媒体技术手段运用、远程教学手段等）、教学模式（学校专业培养方式、实践活动培训等）、评价标准（HSK考试、AP考试等）、教学实践（汉语对话、汉语翻译等），以及与汉语国际教育相关的课程安排、修业年限等，形成一套前后相继、彼此联系、相互促动的完备的教育体系的过程。

高校汉语国际教育的体系化是由制度建设、平台建设、队伍建设、教材建设等多个维度组合而成的，体系中各要素的相互协调发展至关重要。限于篇幅原因，这里仅从教育内容因素考虑，需要加强以下五个方面的工作。

（一）大力推进汉语国际教育教材编写和发行体制创新

改革传统的汉语国际教育教材编写模式，广泛搜集国内外各种非母语汉语教材和读物，采取改造、消化、吸收等方式，组织中外多学科专家联合攻关，尽快编写针对性和适应性较强的多媒体网络教材；引入市场竞争机制，实行招投标制度，提高编写质量和效益，对优质教材给予奖励；打通汉语国际教育教材海外出版发行渠道，鼓励国内出版机构与国外知名出版公司联手开拓海外市场，建立海外教材销售网络；针对不同类型、层次的教学需要，系统设计汉语教学课程、教学计划和大纲，制作多语种的海外大中小学优秀教师示范教学电教课程；同时，加大面向社会大众的应用型、普及型的教材开发力度，更新世界主要语种的汉语广播教材。

（二）加强汉语国际教育师资队伍建设

充分利用现代教育技术，开辟普及性教学和教师培养新途径。首先，可以改进现有对外汉语专业的课程结构、教学内容和教学方法，大幅度增加汉语作为第二语言教学实践能力训练和教学实习时间，同时充分利用高校现有的对外汉语、外语、中文、教育等专业在校生和毕业生资源，通过短期培训和实习，使其成为合格的志愿者师资。其次，在海外推行汉语水平培训考试和认定，与国外相关高校联合培养海外汉语教师，增强海外师资队伍自身发展后劲，重点建设若干个“国家汉语推广基地”，并选择一批中学和社会机构，建立“汉语国际推广中小学师资实习实训基地”。最后，可以建立师资培训全球网站，开发多媒体培训课件，提供在线培训辅导，通过网上网下、境内境外相结合的方式，大幅度提升师资培训规模和质量。

（三）构建全球汉语国际教育平台

采取有效措施，积极吸引国内外企业、社会机构参与汉语国际推广网站建设。首先，可以整合现有汉语国际教育网络建设资源，建成汉语学习网、汉语国际推广广播电视网和海外汉语教学支持服务网，大幅度扩展汉语节目的全球覆盖区域。其次，可以开发低门槛、贴近外国人思维和习惯的汉语教学、娱乐、游戏产品，以游戏、娱乐等多种不同的渠道增强汉语辐射面，拓展汉语国际教育平台。

（四）改革创新汉语水平考试

在汉语国际教育体系化建设的过程中，应借鉴国外先进发达国家考试产品的推广经验和成功模式，充分利用社会中介机构和专业考试公司，积极进行汉语水平考试的商业策划和市场运作，力使汉语水平考试的研发工作和考务工作贴近市场需求、符合现实需要。与此同时，应力争对国外现有汉语水平考试中那些规模较大、质量较高的考试进行认证，将之纳入全球汉语水平考试推广服务体系中来，从而为海外汉语考试者提供多层次、多渠道的汉语水平认证。

（五）加速开发海外汉语教学市场

通过美国AP中文项目[1]等，形成鼓励、支持和引导国外中小学开设汉语课程的新局面；加大接收国外汉语教师来华培训规模，提升海外汉语教师的规模和质量；与国外汉语教学运营机构、语言传播运营机构联合开发适用于汉语国际教育的网络多媒体教材，力使国外开设汉语学校的数量和学生人数大幅度增长。

---

[1] 美国AP中文项目全称是Advanced Placement Chinese Language and Culture Course and Examination，即汉语大学预修课程及考试。它是在美国《21世纪外语学习目标》指导下运作的一个大规模、正规的与大学中文课程衔接的中学汉语课程与考试。

第二章　新媒体与汉语国际教育专业

随着网络技术、数字技术和移动通信技术的迅猛发展，以网络媒体、数字电视媒体和移动通信媒体为代表的新媒体，已经渗透到社会生活的方方面面，给社会带来了巨大的变化与深刻的影响，也给汉语国际教育带来了机遇与挑战。本章在了解新媒体内涵和外延的基础上，分析新媒体对汉语国际教育带来的机遇与挑战。

第一节　新媒体的内涵与外延

一、新媒体的概念

（一）媒体

媒体是通过一定的载体或平台来承载相关信息，在限定的社会道德观念、所在国家的政策法规、所在社会的经营需求下，以一定的内部体制来保证信息的不断传播、更新与影响的机构，它是现代社会中的一个有机组成部分。一旦提及媒体，人们关注的是其组织机构的属性，强调它作为一个组织、一个机构，在国家与社会中必须承担的义务与责任。[1]按照不同的标准，媒体可以进行不同的分类。按照传播介质的不同，媒体可以分为：基于无线电技术的广播式媒体，包括电台、电视台等；基于纸质印刷出版的平面媒体，包括报纸、杂志等；基于互联网传播的网络媒体，包括网站、手机报、手机应用客户端等。

按照出现时间的先后顺序，媒体可以分为：旧式传播时期媒体，主要有各类公告、早期的报纸杂志；大众传播时期媒体，主要有报纸、杂志、广播电台、电视台等；计算机网络时期媒体，除了有人们熟知的互联网外，还包括数字广播、数字电视、智能手机、无线终端等。

按照不同的表现形式，媒体可以分为平面媒体、有声媒体、影音媒体以及多媒体。

（二）新媒体

1. 新媒体的概念

关于“新媒体”的概念最早由谁提出，一般有两种观点。一种观点认为，该概念为美国哥伦比亚广播公司（CBS）技术研究所所长戈尔德马克（Goldmark）提出，他在1967年发表了一份“关于开发电子录像商品的计划”，首次提出了“新媒体”的概念，并将电子录像称为“新媒体”。1969年，美国传播政策总统特别委员主席罗斯托（Rostow）在向美国总统尼克松提交的报告书中，也多次使用“新媒体”的概念。此后，“新媒体”一词便在美国和欧洲被广泛使用，并风行世界各地。另一种观点则认为，1959年，马歇尔·麦克卢汉（Marshall McLuhan）在美国芝加哥参加全美高等教育学会举办的一次会议上，发表了“电子革命：新媒体的革命影响”的演讲，第一次提出了“新媒体”的概念。

什么是新媒体，即如何定义新媒体？对此，国内学界与业界各执一词，莫衷一是。有的从技术层面定义新媒体，有的从传播层面界定新媒体，有的从内涵方面揭示新媒体，有的从外延方面表述新媒体。科学而准确的概念是进行科学研究的必要前提，只有在准确把握概念的基础上，思想才能澄澈，思维才能深刻。因此，有必要对新媒体的概念进行

[1] 林刚.新媒体概论 第2版[M].北京：中国传媒大学出版社，2021：1.

科学而准确的界定。

一般来说，新媒体有狭义与广义之分。狭义新媒体仅指区别于传统媒体的新型传媒，主要包括被称为第四媒体的互联网（以电脑为终端的计算机信息网络）和第五媒体的移动网络（以手机等移动通信工具为终端，基于移动通信技术的移动互联网服务以及电信网络增值服务等传播媒介形式），这两种新媒体又可以被统称为网络媒体。广义的新媒体则包括大量的新兴媒体，指依托于互联网、移动通信、数字技术等新电子信息技术而兴起的媒介形式，既包括网络媒体，也包括传统媒体运用新技术以及与新媒体融合后产生或发展出来的新媒体形式，如电子书、数字报、交互式网络电视（IPTV）等。简而言之，狭义的新媒体是以互联网技术为内核，以计算机、手机等设备为终端，并通过与终端相适应或匹配的方式来进行传播，它以网络媒体为代表。广义的新媒体则是基于网络技术、数字技术和移动通信技术，通过互联网、无线通信网、卫星等渠道，向计算机、手机、电视机以及各类数字化电子屏等终端传播信息的媒体形态，包括网络媒体、数字电视、IPTV、车载电视、楼宇电视和手机媒体等。本书所说的新媒体是指广义的新媒体。

2. 新媒体的特征

新媒体以新技术为载体，以互动性为核心，以平台化为特色，以人性化为导向，这是新媒体的突出特征。

以新技术为载体是指新媒体的应用与运营以新技术为基础。网络技术、数字技术、移动通信技术的发明与普及，不仅为新媒体的诞生提供了技术支持，还为新媒体的运作提供了信息载体，使得信息能以超时空、多媒体、高保真的形式传播出去。可以说，新媒体的所有特征都是建立在新技术提供的技术可能性的基础之上。

双向互动是新媒体的本质特征。传统媒体有一个很大的弊端，就是信息的单向流动。新媒体的出现突破了这一局限，它从根本上改变了信息传播的模式，也从根本上改变了传播者与受传者之间的关系，使二者在一个相对平等的地位进行信息交流，媒体以往的告知功能变成了如今的沟通功能。这种沟通不仅体现在媒体与用户之间，还体现在用户与用户之间。可以说，新媒体的这一特征，不仅对于传统媒体，乃至对于整个社会都会产生深远的影响。

新媒体搭建起一个信息交流平台，传统媒体与新媒体在这个平台之上逐渐走向融合。新媒体的出现并不会导致传统媒体的消亡，二者会相互补充、共同发展。新媒体以其包容性的技术优势，接纳与汇聚了传统媒体的媒介属性。报刊、广播、电视等传统媒体只有在适应新媒体环境，与新媒体的新技术形式相互渗透之后，才能获得二次发展，如今数字化报纸、网络广播、手机电视等融合性媒体如雨后春笋般出现便是明证。

人性化是所有媒介的发展方向：口语媒介转瞬即逝、不易储存，于是出现了文字媒介；文字媒介无法大规模复制，于是出现了印刷媒介；印刷媒介难以克服时空的障碍，电子媒介便应运而生。可以说，每一种新型媒介的出现，必然是对以前媒介功能的补充与完善。新技术是其出现的基础，而人性化导向意味着这种功能上的完善围绕人们的需求而展开。新媒体的出现，满足了人们渴望发声、渴望分享的需求；满足了人们渴望交流、渴望互动的需求；满足了人们渴望以一个更快速、更便捷的方式获取与传播更多的个性化信息的需求。相信在不远的将来，新媒体将带来真正地去中介化——人们在经历了部落社会的无中介、脱部落社会的中介化之后，正在迎来人与人之间交流的去中介化。届时，人们将欢欣鼓舞地迎接一个所有人与其他人都紧密相连的“地球村”时代。

二、新媒体的外延

中国进入新媒体时代的时间不过十几年，但其发展速度可以用“异军突起”来形容。从20世纪90年代中期互联网进入中国，中国互联网络信息中心（CNNIC）数据显示，截至2021年6月，我国网民规模达10.11亿，较2020年12月增长2 175万，互联网普及率达71.6%，庞大的网民规模为推动我国经济高质量发展提供强大内生动力。

随着信息技术的不断发展，新媒体的外延也在不断发展和扩大。目前，门户网站、搜索引擎、博客、播客、微博、数字电视、手机、平板电脑等各种类型的新媒体在我国均得到了空前的发展。本书将其划分为网络媒体、手机媒体和网络电视三种类型，具体体现为以下各类形态，如图2-1所示。

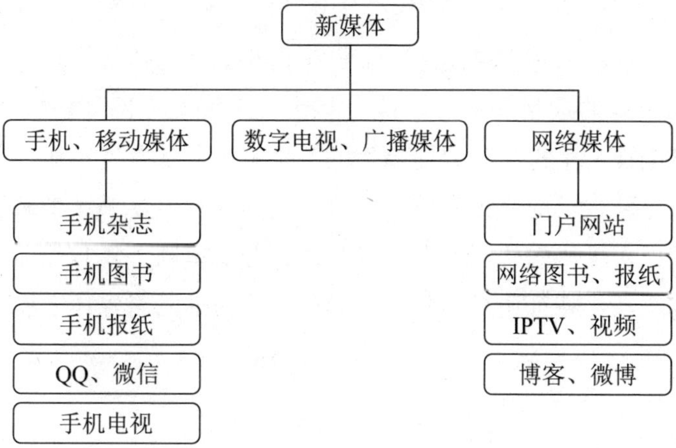

图2-1　新媒体的外延

第一，网络新媒体传播业务不断升级。近年来，网络成为广大网民，特别是以大学生为代表的知识阶层创作和联络的重要平台。比如，以腾讯微信和微软MSN为代表的即时通信已成为网民最常用的沟通交流方式；被称作“自媒体”的博客、播客、微博对互联网技术在音视频文件下载、网络流媒体（网络电视、视频直播）领域进行了广泛应用；搜索引擎除传统的网页搜索以外，博客搜索、视频搜索、个人搜索门户等新业务不断推出；电子杂志作为网上出版物的一种，以多媒体的表现方式受到广大网民的喜爱；网摘、社会化书签等内容聚合方式（RSS）的兴起，不仅改变了网民的阅读习惯，而且颠覆了传统的信息传播方式。

第二，数字电视和短视频越来越成为人们生活必不可少的娱乐方式。通过数字电视，用户不仅能由被动收看变为自选节目，从而收看更加个性化、多样化的高清节目，而且可以实现银行转账等多种数据增值业务，电视机成为集公共传播、信息服务、交流互动于一体的多媒体信息终端。IPTV通过互联网，以电脑或电视机为显示终端，向用户提供数字电视、可视IP电话、远程教育、电子商务等多种交互式服务；短视频行业的爆发，使短视频用户人均使用时长迅猛增长，随着更多优秀从业者与内容的进入，短视频将进一步挤占用户时长，成为人们主要的娱乐方式之一。

第三，手机媒体发展迅速。手机作为新的信息传播终端，已经远远超越了其原有的通话和信息功能，彩信、无线互联网（WAP）、手机报、手机电视、手机即时通信等手机信息服务业务发展迅速。手机作为继电视、电脑之后的“第三屏”，给无线领域和电视领域带来了极大的冲击。此外，手机媒体还具有方便快捷、普及率高、随身性强、互动功能突出、个性化特征明显等独特优势，被称为继网络媒体之后的“第五媒体”。

第二节　新媒体为汉语国际教育带来的机遇与挑战

以数字技术为代表的新媒体，其最大特点是打破了媒介间的壁垒，消融了媒体介质之间，地域、行政之间，甚至传播者与接受者之间的边界。相比于传统媒体，新媒体具有以下四个突出优势。

第一，媒体个性化突出。受限于技术原因，传统媒体面向普通大众，而新媒体则可以做到面向更加细分的受众，甚至面向个人，由个人通过新媒体定制自己需要的新闻。也就是说，每个新媒体受众手中最终接收到的信息内容组合可以是一样的，也可以是完全不同的。这与传统媒体受众只能被动地阅读或者观看毫无差别的内容有很大不同。

第二，受众选择性增多。从技术层面上讲，通过新媒体，人人都可以接收信息，人人都可以充当信息发布者。例如，用户可以一边看电视节目、一边播放音乐，同时一边参与节目的投票。这就打破了只有新闻机构才能发布新闻的局限，充分满足了信息消费者的细分需求。与传统媒体的“主导受众型”不同，新媒体是“受众主导型”，受众有更大的选择，可以自由阅读，可以放大信息。

第三，表现形式多样。新媒体形式多样，各种形式的表现过程比较丰富，可融文字、音频、画面于一体，做到即时扩展内容。与传统媒体不同的是，新媒体还有易检索性的特点，表现为可以随时存储内容，查找以前内容和相关内容非常方便。

第四，信息发布实时。与广播、电视等传统媒体相比，新媒体具备无时间限制、随时可以加工发布的特点。新媒体用强大的软件和网页呈现内容，可以轻松地实现24小时在线。新媒体交互性极强，独特的网络介质使得信息传播者与接受者的关系走向平等，受众不再轻易受媒体摆布，而是可以通过新媒体的互动，发出更多的声音，影响信息传播者。

综上所述，新媒体与传统电视媒体最大的本质区别表现在以下三个方面。①传播状态的区别：由传统媒体的一点对多点型，变为新媒体的多点对多点型。②主导状态的区别：由传统媒体的主导受众型，变为新媒体的受众主导型。③受众状态的区别：由传统媒体的普通大众型，变为新媒体的细分受众型。

基于新媒体的上述特点，汉语国际教育面临着新的机遇与挑战，具体表现如下。

一、新媒体时代汉语国际教育面临的机遇

新媒体应用于汉语国际教育是为了满足未来的需要，而应用的关键在于对这种机遇的了解和把握。那么，新媒体给汉语国际教育带来了什么机遇呢？

（一）能够发挥学生的主体作用，提高学生学习的积极性和主动性

基于新媒体的汉语国际教育，可以将学生的主体地位充分地发挥出来。学生可以从自己的需要、可能出发，选择恰当的上课时间，采用适

合自己的教学进度和方法，在新媒体技术的指导下进行练习。当遇到困难时，学生可以随时放缓速度，随时进行补充，随时增加信息量；当感到能胜任学习任务时，经教师的检验与测试，学生可以加快进度，减少练习量。在这一过程中，学生能够及时巩固自己的语言技能，改正自己学习中的失误和不足，促使其形成正确的语言习惯。同时，学生可以随时运用多种教材和课件，或者访问、查询、下载网上的信息和资源，进行个别化的学习。如果遇到问题，他们可以通过QQ、微信等方式与教师进行沟通，让教师帮忙答疑解惑。

汉语国际教育属于一门能力课程，光靠理论学习是不可能掌握的，还需要大量的操作训练。在传统的教学中，学生可能没有充足的自信心，在公共场合羞于表达自己的观点，上课担心被教师提问，担心回答不出问题丢脸。相比之下，利用新媒体辅助汉语国际教育，由于教师与学生可以通过即时聊天工具、电子邮件或微博进行交流，学生不必担心因回答不出问题而丢脸，情感层面的焦虑也会被释放，这时他们愿意提出问题、回答问题。因此，新媒体创造的这种宽松的环境有助于提升学生的学习效率。[1]

另外，由于新媒体环境本身是一种交互式学习环境，动态与静态结合、图片与文字结合、声音与情感融合、视觉与听觉并用，其表现效果更逼真，使得学习不再是一件枯燥的事情，反而能够引起学生的兴趣，更好地发挥学生的智力因素，调动学生的学习潜能和积极性。

（二）能够提高教师的工作效率，达到最佳的教学效果

计算机作为一种工具，可以大大提高教师的工作效率，如教师教案的设计、学生成绩的录入、教学资料的查询等都可以通过计算机轻松地完成，从而大大减少教师的工作量。

在汉语国际教育课堂教学中，教师可以通过工作站、服务器对自己的备课内容进行讲解，并可以随时监察学生的学习情况，通过将全班学生的整个操练过程记录下来，及时了解学生的实际语言情况，最后对测

[1] 刘行.新媒体在汉语国际教育中的应用研究[D].南京：南京信息工程大学，2021.

试结果进行分析和统计。当批改作业时，客观性的题目可以通过计算机来处理，主观题可以由学生通过电脑操作，然后教师利用文字处理软件进行整理和批改。这样不仅可以从根本上解决学生数量多、教师数量少的矛盾，而且可以让教师从琐事中解脱出来，让教师将更多的精力放在教学内容、教学环节的设计和教学内容的讲解上。

试题库的建立在一定程度上允许了学生自行选择时间进行测试，如果通过了考核，他们就可以进入下一阶段的学习。这一模式将学生从传统固定的教室、固定的教学模式、固定的教材中解脱出来，能够实现真正意义上的学分制管理，做到因材施教。在这种环境下，教师可以根据社会需要进行教学调节，学生也可以运用最合适的方式使自己尽可能地达到自己想要达到的水平。

除此之外，教师与教师之间、教师与不同班级的学生间还可以进行教学成果共享。例如，在某位教师的备课成果通过处理后，将其上传至网络，使其他教师可以下载学习，以此促进水平不高的教师迅速成长，也促使水平高的教师不断脱颖而出。

（三）能够提供丰富的信息，激发学生的学习兴趣和求知欲

利用新媒体辅助汉语国际教育，除了传统的文字教材之外，教师可以从学生的基本情况出发，调用各种资料编辑、制作各种教学课件；教师还可以根据需要在网上搜集和选择学习资料，不断更新和丰富自己的教学内容。例如，在阅读课上，教师可以在不改变该课程要求的前提下，运用网络上与该课程内容相关的新资料来代替，布置任务让学生上网查询并下载与该主题相关的资料，使课程符合时代发展的特征，激发学生学习的主动性和积极性，实现既定的学习目标。此外，教师可以利用与文字教材配套的电子教材。这些电子教材具有地道、纯正的发音，可以使学生有更多的机会接触地道的汉语，通过这样不断地模仿有利于提升学生的口语水平。

（四）能够提供多种教学模式，提高学生的语言运用能力、交际能力和计算机运用能力

网上学习交流可以采用虚拟教师、电子白板、参加新闻组、加入电子论坛等多种教学模式，实现不同时间、不同位置的信息交流，可能是一对一交流，可能是一对多交流，也可能是多对多交流等，通过声卡、计算机、数字视频等方式交流，使学生在虚拟教室中完成学习任务。学生还可以通过网页讨论、在线交流等方式，与世界各地的汉语本族语者进行交流，锻炼自身的口语能力、写作能力、分析与逻辑思维能力。在这一过程中，学生运用新媒体的能力要不断提高，能熟练使用计算机软件，并掌握快速搜索功能。

二、新媒体时代汉语国际教育面临的挑战

我们在看到新媒体给汉语国际教育带来一定机遇的同时，也应该看到其给汉语国际教育带来的挑战。具体来说，主要表现在以下四个方面。

（一）汉语国际教育师资面对的挑战

在开展汉语国际教育的过程当中，师资水平在一定程度上影响着汉语国际教育的开展水平。从目前来看，我国高校通过专门的汉语国际教育师资力量的培养，已经输出了大批的人才。但是，随着汉语国际教育开展水平的不断提升，学习者对汉语学习也提出了更高的诉求。在这一背景下，如何更好地依托新媒体平台，提高汉语国际教育师资力量的综合水平是当前新媒体时代汉语国际教育所面临的一个挑战。

在新媒体时代，汉语国际教育不再完全是黑板＋粉笔或白板＋幻灯仪的定时、定点课堂教学，而是移动教育。在移动教育中，教师的角色发生了重大变化，教师不再是传统课堂上的教师，而是移动教师或空中教师，是网站资源库建设专家，需要以团队成员的角色开展工作。其具体工作任务是用文本、图形、动画、音频、视频等多媒体课件形式，表达汉字的形、音、义，描述和解释汉语词组的含义，建立汉字、词组、

短句、范文等之间的相互关系，提供丰富多彩的扩充读物，设计自助测试问卷及答案等。在这些活动过程中，教师完全可以从定时、定点的课堂教学中脱离开来，自己选择时间段和地点，利用智能手机、多媒体编制教学内容，并将教学资料通过智能手机上传至网站资源库，及时供学生浏览学习。教师在网站的动态教学过程中所从事的具体教学活动，如辅导和回答学生的问题、布置作业、批改作业等，都可以采用人机交互模式和多种交互模式，利用智能手机，通过符号、数字、文字、音频、视频等多种媒体形式，在网站论坛发言，在留言板发通知，在实时聊天室讨论，从而达到与学生或工作团队成员沟通的目的。这些活动的开展都对汉语国际教育教师的能力提出了挑战。

新媒体进入教学领域有很多教师无法比拟的优势。网络知识具有共享、不受时空限制、非线性、传递迅捷等特点，可以轻松实现过去需要口传心授或是面对面教授才可以实现的教学活动，更重要的是网络的知识共享性让“弟子不必不如师，师不必贤于弟子”，所有人都有可能成为知识的发布者。与此同时，网络改变了教学资源的获取方式，教师很难靠占有知识来获得权威。知识从绝对真理变成了信息汇集，从静态复制变为动态变化，从客观变为带有主观意义。由于知识由精英化变得扁平化，作为知识代表人物之一的教师，其权威自然受到消解。

（二）汉语国际教育环境面对的挑战

一般来说，汉语国际教育环境主要包括汉语国际教育开展的硬件环境和软件环境。所谓的硬件环境，主要包括语音实验室在内的诸多教学设备和硬件。所谓软件环境，主要包括运行于计算机硬件之上的驱动计算机及其外围设备实现某种目的的软件系统。随着我国对汉语国际教育投入力度的不断加大，汉语国际教育在硬件方面和软件方面也得到了进一步的提升，使很多学习者能够借助相关的平台进行系统的汉语学习。同时，围绕远程教育、在线测试、网络课堂等诸多的软件的设计与开发也取得了一系列的成果。从这点来看，在今后的新媒体时代，汉语国际教育开展过程当中，还应该进一步的整合相关的资源，提升汉语国际教育的网络教育环境的服务力。

（三）汉语国际教育理论研究面对的挑战

从语言教育的角度来看，无论是汉语国际教育的教学方法，还是汉语国际教育的相关理念以及评价标准方面，我国还处在一个初始阶段，无法有效地满足汉语国际教育的科学开展。虽然我国在学术层面已经形成了专业的汉语国际研究组织并开展了相应的学术研究活动，发表了相应的期刊和文章，但是具体来看，围绕汉语国际教育相关的概念、评价的体系、教育的理念和模式等方面的研究并不是很完善，这就在一定层面上影响了汉语国际教育的开展。因此，在今后的汉语国际教育开展的过程当中，应该促进汉语国际教育在学术理论层面的高效开展。

（四）对学生甄别信息、正确利用信息提出了挑战

新媒体为学生提供了丰富多彩的信息，但其中不可避免地会掺杂一些错误的或者无用的信息。因此，教师需要引导学生提高自身甄别信息的能力，并教会学生如何正确利用网络信息，将自己的时间与精力真正应用到知识的积累与学习上，而不是浪费时间在玩游戏、看网页上，忽视对汉语国际教育内容的巩固和复习。[1]

总而言之，在新媒体时代下，汉语国际教育的理论学术研究层面、汉语国际教育的环境方面以及汉语国际教育的师资力量方面都面临着不小的挑战。如何从这些挑战入手，更好地促进汉语国际教育的科学发展是促进今后汉语国际教育科学发展的一个主要方向。

---

[1] 王涵.试论新媒体背景下汉语国际教育面临的机遇与挑战[J].北方文学，2018（24）：191-192.

第三章　新媒体与汉语国际教育融合发展的可行性分析

汉语国际教育工作的有效开展，对于汉语言的国际化传播、汉文化的传承与发展，都具有重要意义。以汉语国际教育形式，推广汉语，提升其国际影响力，将是我国汉语国际化发展的关键。新媒体在汉语国际教育中的应用有着明显的优势，不仅打破了空间的限制，同时，可以让汉语爱好者可以通过其进行翻译、沟通、练习等活动，提升自身对汉语的了解，更好地学习汉语知识，掌握汉语学习的要领，进而提升自身的汉语水平。因此，进行新媒体与汉语国际教育融合发展的可行性分析具有重要意义。

第一节　新媒体融入汉语国际教育的基础条件

一、教学观念引领

基于信息技术的新媒体带来的社会变革和教育发展使人们的许多观念发生了根本性的改变，构建交互性教学正是一个教学观念转化的问题。如果单纯承袭传统的教学思想，用落后的教育观念来指导汉语国际教育，那么为学校教育配备的一切信息化教学设备与传统的黑板和粉笔就没有任何差别。如今的汉语国际教育需要的是以先进教育理论为指导，以交互性校内网络为平台，以现代教育技术应用为突破口的教学观念的引领。当代教学观念是以教育心理学家皮亚杰的认知发展理论为基础建立的。皮亚杰指出，人类的认知发展呈阶段性趋势，处于不同认知发展阶段的儿童解释和作用世界的方式不同。因此，教师应当了解学生当前所处的认知发展阶段，并根据该阶段的认知方式进行教学设计，同时也应从横向考虑到社会的快速发展对儿童认知能力的改变。皮亚杰认为，人类发展的本质是对周围环境的逐渐适应，而这种适应是一个主动的过程。由于学习是学生适应教学环境的过程，教师在教学中应尽可能活跃课堂氛围，让学生充分主动起来，进行自主学习和探索。皮亚杰同时强调了社会交往在认知发展中的作用，认为同伴之间的互相学习、探讨能够集思广益、提高学习效果。通过进一步研究可知，同伴间的相互作用之所以明显是因为建立在平等的地位之上，平等更易于双向的交流。为此，教师应在当代教学中尊重学生，建立平等的师生关系，实现教学相长，促进学生发展。

当代教学观念与传统观念相比更注重主体意识、主体精神、主观能动性和主体潜能的发展，关注学生在教学中的作用，以学生为本。国际21世纪教育委员会向联合国教科文组织（UNESCO）提交的报告《教育——财富蕴藏其中》中指出，面向21世纪教育的四大支柱就是要培养学生学会四种本领——学会认知、学会做事、学会合作、学会生存。这四种本领都是从培养学生的主体性出发，使学生在学习过程中摆脱依赖性、被动性，转而向自主、自立、自尊、自信的独立个体发展。可见，当代教学不再是过去单纯的课堂知识积累，而是要激励学生在整个学习过程中主动参与，主动发现。

将新媒体引入汉语国际教育课程，突破了传统以传授汉语知识为重的教学内容，取而代之的是具有多元特性的综合性知识，其目的并非是简单地教会学生进行汉语交流，而应从教育理念出发，透过新媒体更多地引入先进的思维方式、新颖的教学方式和科学的教学内容。

二、建构主义指导

建构主义理论是认知理论的一个分支，也是认知主义的进一步发展。建构主义认为，知识的获得并不是一个被动的过程，不是通过教师的传授得到的，而是学生在一定的情境中，在辅助条件（包括教师、同学的协助）的支持下，利用学习资源，通过意义建构的方式获得的。“情境”“协作”“会话”“意义建构”是建构主义理论总结出的学习环境的四大要素。其中，“情境”是社会文化背景，是对学生读取教学信息做出良性刺激的客观环境；“协作”和“会话”是交互学习的手段，贯穿交互教学的始终；“意义建构”是学习的终极目标，学习的过程实质就是在适当情境中通过与他人的交流与协作，最终完成意义建构的过程。由此可见，学习不能只依靠背诵和记忆掌握既定知识，而应根据已有的知识与经验通过交互的手段建构新知。

用建构主义理论来指导交互性教学，将攻克传统教学中的各种弊端，提高学生的认知能力，培养学生的探索精神与合作意识。借助交互性教学过程中各种环境和人为条件对学生大脑产生良性刺激，可以使学生摆脱长期单一的学习方式给大脑带来的疲劳和迟钝，从而能够更专注于整个学习过程，提高学习效率。

对于汉语国际教育而言，建构主义理论在情境创设、互动协作、意义建构等方面都能予以指导。首先是情境创设，汉语国际教育与其他文化课学习一样需要在以文化为基础的教学情境中展开，不同的是汉语国际教育需要在一定的情境中组织实践活动，以提高学生的汉语应用能力。要想进行有效的汉语国际教育，就必须融入建构主义理论中的“情境”要素，根据课程具体内容创设相适宜的教学情境。在汉语教学中，恰当的环境和氛围更有利于学生对汉语知识的交流、分析、理解和感悟，从而使学生获得实践能力。其次是互动协作，这也是建构主义理论指导汉语国际教育的一个重要方面。汉语国际教育的过程就是感知语言的过程，在此过程中需要进行大量的思维活动，以对汉语语言知识有一个整体的把握，这时互动交流就显得尤为重要。只有通过师生交互、生生交互、师生与环境交互，彼此相互借鉴与补充，才能更全面更深刻地感知汉语语言知识。最后是意义建构，这也是建构主义理论指导汉语国际教育的最终目的。学生在体验过程中会自然而然地联系已有知识，并对新知识进行分析、整合与吸收，完成意义建构也就成了水到渠成之事。

三、教育技术支撑

随着教育技术的进步，与汉语国际教育相关的一系列内容逐渐被汉语国际教育教师和学生关注与接受。时代的更迭与新媒体的发展迫使当代教学离不开现代化的教育技术，只有信息容量大、教学效率高、交互性能强的课堂教学才能顺应时代的潮流。

将现代教育技术应用于教学实践，给汉语国际教育带来了无限活力。教师可以利用投影仪、幻灯机、扩音系统、视频展示平台、交互式电子白板、CAW闭路电视教学网络系统、计算机双向传输交互网络系统等硬件设施，Authorware、PowerPoint、Flash、Photoshop、Visual Basic、GoldWave等新媒体软件技术，将声音、文本、图片、动画、影视整合在一起，充分展示教学信息，实现课堂活动与教学媒体间的平滑转换，促进交互学习的形成，以突显汉语国际教育交互性教学的意义。一方面，现代信息教学设备强大的存储能力和图文声像有机结合的展现形式不仅强烈地刺激了学生的感官，还为学生提供了信息量大、交互性强、反馈及时的自主学习环境，促进了交互性教学的实施；另一方面，先进的新媒体技术和网络传输技术在激发学生学习兴趣的同时，还能够实现资源共享，有效地培养学生独立思考、合作学习的能力。现代教育技术能够为交互性教学提供丰富灵活的教学信息，使教学内容不再局限于教师和教材，而是由师生共同选择、分析、掌握，再加上技术本身所带有的交互功能，重组了教学当中“教”与“学”的关系，使教学成为教师设计引导，学生自主探索，教学相长的过程，使学生的知识、技能、情感在交互实践中得到自由而良好的发展。由此可见，现代教育技术为汉语国际教育提供了有力的支撑。

如今，汉语国际教育对现代教育技术的依赖，使新媒体的有效应用成为汉语国际教育最终取得成功的一块基石。从汉语国际教育教师的角度来讲，首先，现代教育技术环境能够为教师提供更丰富、更广泛的教育资源，信息的不断更新与补充使教师在讲授生硬的知识点时更加得心应手。其次，现代教育技术设备能够帮助教师在汉语国际教育课堂上提供清晰的范例和教学演示，如教师可以利用现代媒体技术将提前制作的录像通过大屏幕清晰展示给学生，提高课堂效率。最后，现代教育技术能够为教师建立专业的交流平台，涵盖汉语国际教育基本理论、教学方法、教学案例分析、专家讲座等方面，为汉语国际教育教师的专业化发展提供优越环境，以保证师生的课堂交互更加灵活、流畅。从学生的角度来讲，首先，新媒体与互联网的整合能够调动学生的感官，感性的材料（音频、图像、视频等）更容易激起学生的兴趣。其次，学生可以借助新媒体与不同地区的学生交流，加强不同地区和不同文化间的双向交流，拓展汉语国际教育的范围。最后，现代教育技术还能够锻炼学生检索信息的能力，使学生可以在短时间内从庞大的网络信息库中获得有用资源，保障学习省时高效。

综上所述，新媒体介入汉语国际教育交互性课堂，以其丰富的资源、多样的表现形式、顺畅的交互与传统的汉语国际教育形成鲜明的对比。恰当运用现代教育技术，将数字媒体技术与课堂交互性教学进行整合，能够营造出启发互动教学的良好氛围，最大限度地激发学生学习的主动性，从而使学生省时高效地完成学习任务，为汉语国际教育交互性教学的开展提供可靠的保障。

第二节　新媒体辅助汉语国际教育的理论基础

新媒体辅助汉语国际教育是汉语教学的一种形式，不能因为教学形式的改变而忽视了基础理论的研究，它的理论基础依然是语言学、教育学、教育心理学等。

一、语言学

（一）语言学概述

语言学是对语言的科学研究，它研究在各自社会中作为交流系统的各种人类语言的基本原理。这个定义之所以得到广泛的接受是因为它简明而准确地描述了语言学作为一门学科所研究的对象和方法。在该定义中，“语言”的前面没有冠词，后面也没有复数词缀。这就是说语言学研究的是人类所有语言的普遍性。语言学的研究对象是语言，但不同的语言学流派对语言研究的侧重点不同。

为了使自己的分析具有科学性，语言学家的工作遵循四条准则：穷尽性、一致性、简洁性和客观性。穷尽性是指语言学家应收集并分析所有既得资料或数据，并给予充分的解释，不能丢三落四；一致性是指在分析过程中前后观点要一致，至少不能前后矛盾；简洁性是指在进行复杂的分析或证明当中应力求语言的简洁，不拖泥带水，不冗长乏味；客观性是指实事求是，不凭主观臆断妄加取舍，乱下结论。

（二）新媒体辅助汉语国际教育以语言学理论为指导

语言学是研究语言的本质、结构和功能的科学，汉语国际教育属于第二语言教学，是研究教授和学习语言规律的科学。前者研究语言是什么，后者研究语言怎样教和怎样学。事实上，语言学对汉语国际教育的指导和影响是多方面的、深刻的，也是根本性的。

第一，汉语语言学的研究成果可以为新媒体辅助汉语国际教育所吸收和利用。例如，汉语中的一个量词可能有多个不同的义项，不同义项下的可搭配名词和量词用法会有所不同。以“把”这一量词最常用的两个义项“用于有柄、有类似把手的器具”和“用于用手可以抓握起来的东西”为例，前者典型的适用名词有“牙刷、刀子、勺子、雨伞、梳子、叉子”，后者典型的适用名词有“花生、米、钉子、糖果、沙子、小麦、豆子”。据此，我们就可以利用新媒体手段，把适用名词以图片的形式分区呈现，并在各区中的具体名词物体旁标注名词词形。这样一来，学习者不仅可以巩固对所学名词的认知，而且也容易通过形象直观的方式把量词意义和用法的学习结合起来。

第二，关注并利用直接面向汉语教学的汉语本体研究及其有关成果，通过新媒体手段搭建汉语研究和汉语教学的平台和接口。例如，以部件的思想开展汉字教学，在具体汉字的显示中就可以根据已有关于汉字部件划分的研究，用不同的颜色进行部件标示，以区别不同部件。这一手段对学习者认读汉字并了解和学习汉字的结构、对开展汉字部件教学都有积极的作用。

第三，语言学及其分支学科，如社会语言学、心理语言学，是外语教学法流派最直接的理论基础。教学法流派均与语言学理论相关，特别是一些重要的教学法流派都是直接以语言学为基础的。比如，听说法以结构主义语言学为基础，那么在运用新媒体手段时，不仅要强调语言的内容和意义，还要注意用技术手段强调句型结构。交际法以社会语言学为基础，新媒体的运用就应着力培养学习者的交际能力，展示真实的、有意义的交际情境，使学习者于理解诠释、人际沟通和表达三个方面得到进步，并处于师生互动、生生互动、小组合作活动的交际氛围中。

二、第二语言习得理论

（一）第二语言习得理论概述

第二语言的习得是建立在第一语言习得过程已经完成的基础之上的一个概念。它不仅表明了语言习得的次序特征，也说明了在第二语言获得之前已拥有了另外一种语言作为初始状态。因此，有关第一语言获得理论研究必定会给第二语言习得理论研究以极大启示。纵观近50年以来第二语言习得理论研究历史，我们可以探讨行为主义理论和天赋论这两大理论流派对第二语言习得理论研究所产生的深刻影响，这两个理论的代表人物分别为心理学家斯金纳和哲学家乔姆斯基。

以斯金纳为代表的行为主义者基于操作性条件反射理论，指出语言习得是通过刺激—反应形成习惯而掌握。斯金纳认为，在学习过程中，后位强化刺激的作用要比单纯前位刺激大得多。只有反应得到强化，行为反复出现，才能形成习惯，学习者进而学会某种技能。1957年斯金纳发表了《言语行为》一书，进一步扩充了这一理论。儿童的言语活动也被认为是对环境或对成人的活动所做出的一种反应。如果反应正确，便可以得到鼓励，从而得到强化，形成语言习惯。

乔姆斯基从心灵主义的天赋论出发，将语言习得归结为人类所具有一种语言习得机制，一种其他动物所没有的、天赋的、内在的语言能力。语言习得机制是乔姆斯基语言学说的理论基石，它可以用来解释语言普遍现象，即为何人类各种语言之间都存在着显著的相似之处；也可以用来说明语言习得问题，如儿童学习第一语言为什么会那么快、那么轻松。

经过多年研究，语言学家和外语教育工作者受母语习得的启发，提出了第二语言是怎样习得的这个问题。母语习得与第二语言习得虽然同是人类学习与习得语言的过程，但存在着很大差别。个体母语的习得大多数处于无意识状态，很少伴有知识、经验的教育转换程序，是个体生长发育和社会化的部分。而个体第二语言的习得过程则受到诸多因素的制约，如认知风格、对目的语文化的态度、学习策略、对目的语言行为准则和交际原则的掌握，社会和心理因素的影响、语言环境等都对第二语言的习得起一定的作用。学者们在对上述问题的研究过程中，不断地吸取人类学、社会学、心理学、教育学等相关学科的研究成果，得出如下结论：母语习得的经验与知识为理解第二语言习得提供了基础；第二语言习得是人类学习知识、技能的一部分，其习得、认知和思维的规律与人类在其他领域的习得、认知和思维的规律无异；学习者的第二语言习得方式和学习策略因认知风格不同而各异；个性、人格特征及自我概念和自我意识对第二语言的习得有很大的影响；语言错误是一种自然现象，在语言学习中，学习者通过认识与自我纠正错误而加深对自己语言习得规则的理解，提高自己的语言水平；具有运用目的语进行交际的能力是第二语言学习者学习语言的最终目标。以上几条结论构成了第二语言习得理论的基本框架。

（二）新媒体辅助汉语国际教育以第二语言习得理论为指导

第二语言习得研究的一个重要内容就是从外部因素解释第二语言习得机制，阐述社会因素对第二语言学习的影响，以及输入、交互对第二语言习得产生的作用。克拉申的语言输入假设强调大量的、可理解的输入对语言习得的重要性，指明要重视输入的内容和输入的方式。理解语言离不开语境，当语境与话语的关系密切时，理解就容易发生。那么，通过新媒体展现的直观形象去了解语言点的形式、所要表达的意义和使用条件，与单纯用言语形式讲解和文字描述相比，前者必然事半功倍。例如，教师在讲解汉语不同的环境、场合下打招呼的用语不同时，可以用图画或动画展示，标注出打招呼的用语方式，甚至点按文字处可以听到发音。这样的输入方式便是高效的可理解输入，对于那些没有阅读能力或阅读能力有限的汉语学习者而言，效果显著。

新媒体既可以促成显性知识的学习，也可以潜移默化地辅助隐性知识的学习。研究表明，显性知识比隐性知识更容易引起学习者对目标知识特征的注意，并且能产生更好的即时效应和延迟效应。据此，教师在讲解“哈达”一词时，先展示名词“哈达”，然后通过新媒体的文字处理功能强调“献哈达”这一常用动宾搭配，促成学生有意识地控制加工，又展示藏族妇女双手托着白色哈达准备敬献的图片。这样的多媒体形式与语言和文字描述相比则更直观、形象，内涵信息展示也更完整，使学生不仅容易掌握显性语言结构知识，而且容易通过潜意识行为去了解隐性语言文化知识（藏族人物、服饰、动作等）。

三、教育心理学理论

事实上，许多新媒体辅助汉语国际教育的经验性的应用，都可以从教育心理学理论中找到根据，而以教育心理学理论为指导，可以更好地开展新媒体辅助汉语国际教育实践。

（一）教育心理学概述

心理学是一门研究人类心理的现象，过程、功能及其对行为影响的科学，包括对研究对象的描述，解释、预测和控制四个不同的层次。心理学的研究领域广泛，包括认知、情绪、个性、行为、人际交往、群际关系等领域，同时，也与诸多重要领域形成交叉学科，既有家庭、健康、教育、管理等社会生活的领域，也有神经科学，医学、生物学等自然科学的领域。[1]

教育心理学作为心理学一个分支，在19世纪就发展为一门独立的学科体系，赫尔巴特的《普通教育学》力图在心理学基础上建构教育学理论。20世纪涌现出一批教育心理学专家，提出众多颇有影响的教育心理规律，如桑代克提出的学习三大定律（准备律、练习律和效果律），杜威提出的“从做中学”的观点，维果茨基提出的“内化论”，罗杰斯提出的“以学生为中心”的主张。这种心理学主要研究教育与教学过程的各种心理现象和基本规律，探讨个体与语言发展、社会经济环境，课堂管理、社会文化多样性、学习动机、学习效果评价等内容，以获得最佳的知识学习和技能掌握的效果。在汉语国际教育中，教育心理学研究具有极为重要的参考价值，无论是汉语国际教育的教育者还是受教者，在语言的教学过程中，都同时涉及教育心理学。

（二）新媒体辅助汉语国际教育以教育心理学理论为指导

1. 新媒体与情绪情感效应

教育心理学理论认为，情绪情感是人对客观事物所表现出的态度的一种主观体验，它是人的需要是否得到满足的一种反映。按照著名心理学家马斯洛提出的人类动机理论，情绪和情感是人的行为和活动的基本动力。情绪和情感有多种作用，其中之一就是动机作用，动机可以促使人产生行为。情绪和情感可以影响人的许多行为，如对知觉的选择、对信息变化的监视、对工作的记忆效果、思维活动的影响等。积极的情绪和情感对人的认识活动有积极的影响，可以使认识活动更加深化。而

[1] 傅其林，邓时忠，甘瑞瑗.汉语国际教育导论[M].重庆：重庆大学出版社，2015：9.

新媒体的应用刚好可以使学生产生积极的情绪和情感，如提高学生的积极性，增强教学的生动性、趣味性，激发学生兴趣，创设轻松的环境，等等。

新媒体辅助汉语国际教育的目的之一就是要通过教学环境的创设和教学活动的设计，调动学生积极的情绪和情感，使学生在情感的参与下开展理智活动，加强大脑的工作能力，促进教学效率的提高。例如，教师在汉语国际教育课程教学中运用图片释义或展示语境，就是为学生提供获得视觉表象的手段。根据加涅的理论，可知，视觉表象是一类非常重要的记忆编码和存储形式。教师在利用新媒体辅助汉语国际教育时，在多媒体课件屏幕设计中应注意色彩的运用、图文的选择和布局；在朗读课文时，可以配合课文的内容播放适当的背景音乐；可以以视听（声像）的形式引入课文要讲解的语言点；可以使用场景用以提示语用环境。上述举措都是对教学有促进作用的新媒体的应用。

2. 新媒体与多感官刺激效应和选择性知觉效应

新媒体的应用有利于知识的获取和保持，主要是因为它可以产生多感官刺激效应和选择性知觉效应。

第一，根据教育心理学理论，多媒体的运用可以引发多感官刺激，并且视觉的作用大于听觉。视听并用不仅有利于学生对事物及其规律形成完整的认识，而且对短时记忆和长时记忆都是有利的。据此，在汉字教学中用醒目的大号字体展示汉字的形、用声音播放展示汉字的音、用动画形式展示汉字的笔顺书写、用文字展示汉字的构词或例句，有利于学生掌握汉字形音义的全方位信息。总之，学生在一定的环境里，通过科学、系统的刺激和训练，学习效果会更好。重视视觉刺激，调动多感官刺激，甚至利用加强刺激、反复刺激的方法，不仅有助于学生学习汉语，还有助于其强化记忆、加深印象、巩固所学。除此之外，语言学习强调真实性，新媒体的应用，特别是其中视听材料的应用，可以使学生学到生活中真实的语言，实用性更强。

第二，选择性注意理论又分视觉选择性注意和听觉选择性注意。根据选择性注意理论，人并不是对所有感知到的信息都进行加工，人具有选择性知觉的能力。以视觉为例，当通过新媒体使用特殊的色彩、变换文字的字体或字号（加粗、放大）、加边框、加背景色、使用动画时，会引起学生对某个部分的注意，这种选择性知觉作用于学生的大脑，就会引起特殊的加工甚至是深加工，那么学生对这个问题的认识和记忆就会更加深刻。在新媒体辅助汉语教学中有很多这样的应用，正是依据上述指导思想。例如，把重要的内容（如本课讲解的句型）放在屏幕（界面）的视觉中心（屏幕/界面物理中心的左上，而非物理中心）或屏幕的黄金分割点上；在要讲解的汉语特殊句中，将当前要讲解的字、词或短语用醒目的红色标记，或加红色边框（边框加粗可以更醒目），或在文字下面画线等。这些都是通过引起学生对必要特征的知觉，使其产生选择性知觉，起到强调教学重点或难点的作用。又如，通过新媒体用暖色和冷色分别代表同一话题的褒义词和贬义词，这时文字色彩的应用可以起到区分和归类的作用。再如，在讲解重要内容时，突然播放声音、录像播放中突然暂停、在录像某帧上加字幕或使用圈画标记等，都是常用的引起注意的手法。

值得注意的是，由上述教育心理学理论产生的新媒体教学效应可能是相互关联的。例如，当选择性知觉发生并与学生已有知识建立联系进入工作记忆时，学生会从中获得满足感，以致影响到其情绪和情感，进而学生会具有持续的兴趣继续从事选择性知觉。本书认为，新媒体在汉语国际教育中的应用，是有其深厚的理论基础的，语言学理论、教育学理论和教育心理学理论都为新媒体辅助汉语国际教育提供了有力的支撑。这三大理论在汉语国际教育的过程中可以有机地融合，相辅相成，相互促进，又从整体上服务于汉语国际教育。

第三节　新媒体应用于汉语国际教育的优势

一、新媒体延伸了汉语国际教育课堂

从当前汉语国际教育的实际情况来看，依然存在教师缺乏、受教育者分散、汉语教材和教学内容相对落后等亟待解决的难题。汉语国际教育中这一难题，其实可以通过引入新媒体予以解决。相对于传统媒体，建立在网络基础上的移动信息设备、数字化终端以及信息载体平台等新媒体，具有全天候的优势，传播自由开放，不受时间与地点的局限。利用新媒体，汉语国际教育的受教育者可以按照自己的需求，获得需要的最新资料与交际素材。同时，新媒体在汉语国际教育课程教学中的推广，使得即时互动教学成为现实。这种全新的教学模式完全打破了汉语国际教育课堂在空间、地域方面的局限，在很大程度上实现了跨区域师资优化组合分配，在教师教案准备、师生之间互动交流方面都有着极强的优势。新媒体在汉语国际教育中的应用，使受教育者能按自己所需甄选教学资源和设计教学情景，教师则由教学主导者变成辅导者，真正实现以生为本，将呆板的书面文字教学转化为多样丰富的媒体运用和资源辅助性教学，从而全面提升受教育者的自主学习能力，激发他们主动寻求汉语学习资源和机会的潜力。此外，教师还可以积累丰富的新媒体应用教学经验，革新学习内容、创新方法，甚至有可能开发出富有时代气息的汉语国际教育新教材。

二、新媒体强化了汉语国际教育的情景性

语言学习最重要的就是交流，或者模拟真实交流情景。使用传统媒体的汉语国际教育很难达成这一诉求，因此教学效果欠佳。随着互联网数字技术的发展，新媒体极大促进了语言学习的交际互动性。例如，

网络聊天软件正逐渐取代传统通信设备成为当前最为流行的远程交际媒介，如 Skype、QQ、微信等，早已成为汉语国际教育的受教育者最常使用的网络交际工具。新媒体终端上应用的这些软件，不受地域和空间的限制，支持多国语言，既可以一对一的互动交流，也可以多人同时群体交流，极强地模拟了真实交际情景。在使用这些软件时，学习者不仅可以进行文字交流，还能进行语音、视频交流，从而实现跨区域的即时互动，完成口语交际的训练要求。除此之外，数字报刊、数字广播、手机电视、移动电视、其他手持终端等新媒体，利用文字、图片、声音、图像可以构建极强的真实交际情景，帮助学习者提高语言表达技能，有效地避免了传统汉语教学中存在的先文后语、过分强调声调等误区，为学习者带来最贴近中国社会文化的学习材料，提高其跨文化交流能力。

以网络聊天软件为例，新媒体对汉语国际教育情景性的强化表现在以下四个方面。

第一，能提升信息获取量。汉语国际教育的受教育者在利用网络聊天软件交际的过程中，能够有效地提升交际信息获取的精准性与复杂性，达到较好的交流效果，从而提高受教育者的文字表达能力。[1]

第二，能有效改善语言交际训练。汉语国际教育的受教育者在利用网络聊天软件交流的过程中，教师起到合理引导、适当监督的作用，将语言交际的主导权交给了受教育者，真正实现语言训练的放权，变语言教学为口语训练。

第三，能合理引导交际心理。汉语国际教育的受教育者在利用网络聊天软件进行交流的过程中，允许延迟表达，能有效地降低面对面交流不畅带来的心理焦灼感，为汉语语言训练提供更为宽松的交际环境。同时，网络交流的匿名性质最大程度降低了交际陌生化带来的疏远感，从而提高汉语国际教育的受教育者使用汉语表达的信心。

第四，能记录交流过程，便于后期矫正。汉语国际教育的受教育者在利用网络聊天软件交流的过程，能保存文档，为随后的语言矫正提供

[1] 许燕.新媒体环境下汉语言文学教学优化策略[M].长春：吉林文史出版社，2018：174.

了第一手素材和参照物，有利于汉语国际教育的合理开展。对于各国的受教育者而言，要想形成汉语表达关联，反复模仿和训练必不可少。通过运用新媒体终端上的网络传播平台、网络聊天软件等，则比较容易实现这一要求。相对于传统体现主流价值观的教学训练平台，新媒体网络交流平台的文化属性更强。言语学习的过程其实也是文化介入的过程，通过言语交流的过程达到文化的认知。网络交流中的语言素材鲜活，贴近真实交际情景，比较全面地反映了中国当前社会生活的面貌，为汉语国际教育的受教育者带来了最准确的言语表达模式。这样的语言交际训练能使网络环境中的语言表达依托文化背景，提高汉语国际教育受教育者的跨文化交流能力。

三、新媒体保证了汉语国际教育的时代性

基于互联网技术的新媒体，以信息量大、快捷、实时性为主要特征，能有效保证汉语国际教育内容和形式与时俱进，富有时代性。基于互联网技术的电脑、手机等信息接收终端，是新媒体时代广大受众接收信息的主要介质。就汉语国际教育课程教学中新媒体的运用实效而言，新媒体打破了传统书面知识的线性结构，充分发挥了网络信息图、文、声、像并茂和即时传递等特点。在教学过程中能促使受教育者发挥全身的感官体验，保持精力集中，提升学习兴趣，增强学习效果。与传统的简单言语、文字的课堂教学相比，新媒体的介入为教与学的双方提供了更加鲜活的交际素材和话题，更贴近真实的交际环境，能有效提升汉语国际教育的受教育者的实际运用能力。

新媒体保证汉语国际教育与时俱进最明显的实证就是，汉语国际教育的受教育者对网络新词汇的学习。由于是语言教学，如何保证教学内容中语言素材的鲜活性成为汉语国际教育必须面对的问题。网络新词汇与中国当前民众的生活紧密相关，已经成为了解中国舆情、民情、社情、国情的窗口，具有强烈的时代性。这些网络新词具备新潮时尚、简洁生动、幽默风趣的特征，其数量之大、更新速度之快、传播面之广、影响力之强令人侧目。汉语国际教育教师帮助汉语国际教育的受教育者

利用新媒体学习网络新词，不仅能让受教育者获取鲜活的实用性语言，提高交流能力，还能让受教育者了解最新的中国文化动态，强化语言附带的文化属性认知，从而使汉语国际教育课堂教学焕发新活力。同时，汉语国际教育的受教育者也能通过学习网络词汇，保证学到的汉语的新鲜度，解决课堂所学与生活实用之间脱节的问题。

总而言之，基于新媒体平台，科学有效地传播汉语文化，将是今后新媒体时代我国汉语国际教育的重要发展方向。同时，新媒体时代的到来，对汉语国际教育更好地开展个性化教育，更好地推动汉语文化的传播，更好地扩大汉语的影响力有着极为重要的作用。

第四章　新媒体时代汉语国际教育课堂的失衡与重构

从生态学的角度对汉语国际教育进行分析不难看出，汉语国际教育生态课堂中存在不同程度的失衡现象。本章首先对信息化语境下高校英语课堂生态失衡现象进行考察与研究，然后在阐述生态课堂重构原则和要点的基础上，对汉语国际教育生态课堂进行重构。

第一节　新媒体时代汉语国际教育课堂失衡的表现

一般来说，要说明一个教育生态系统正处于失衡状态，或处于疑似失衡状态，该系统必须至少出现以下三种状况之一：一是生态系统中的各要素得不到良好发展，其功能难以发挥；二是生态系统中的各要素关系失谐，相互矛盾，信息流通不畅；三是生态系统的整体功能难以发挥，满足不了人们对教育的期待。

本节将用描述性研究的方法，从生态学和系统科学的视角考察新媒体时代汉语国际教育课堂生态失衡的现象，主要从结构失衡和功能失调两个方面展开描述。

一、结构上的失衡

结构从总体上反映着元素之间的有序性和组织性，它是系统协调或失调的内在根据，是系统能否实现其功能的根本前提。在新媒体介入之前，汉语国际教育课堂生态基本处于平衡定态，系统内各生态因子（教学要素）经过长期教学实践的磨合，已经处于比较好的兼容状态，系统相对比较稳定，但也开始显露出一种惰性，课堂生产力开始降低。汉语国际教育信息化教学改革以来，由于信息技术的强势介入，课堂生态的环境因子发生了剧烈改变，各生态因子之间的结构关系也随之发生变化，这些变化主要体现在构成比重和交互关系两个方面。

（一）系统组分构成比重的失调

课堂生态系统是由课堂生态主体和课堂生态环境相互作用而构成。课堂生态主体的概念比较容易把握，是指系统中的生物成分——教师和学生。而课堂生态环境的概念则比较复杂，本书倾向于从结构维度、关系维度和文化维度来理解课堂生态环境，主要包括课前生成的环境，如教室的自然物理环境、教师的教学水平、学生的基础、师生信息素养、教材和网络多媒体环境等；课中生成的环境，如师生关系、生生关系、师生对课堂环境的情感态度等；课后生成的环境，如班级学习风气、课堂教学规章制度等。课堂生态系统的主要组分如图4-1所示。

这里主要从量变的视角审视课堂生态系统中各个组分所占比重的变化情况，这里所说的“量变”是指在程度上的逐渐变化，是相对于根本性的质变来说的。课堂生态作为一个系统，内部的因子是互相作用、互相制约的，系统的演化需要结构进行适当调整，这种调整首先反映在各个因子的连锁量变上。信息技术的使用必然会给课堂生态中的其他生态因子带来新的要求，如果其他生态因子拒绝与信息技术因子同步协变，那么汉语国际教育课堂生态系统的各个组分在构成比重上就会出现失调。

基于信息技术的汉语国际教育教学改革在全国推广实施以后，许多学校都以信息技术的应用为改革突破口，试图将传统的讲授式课堂教学

- 课堂生态系统
  - 课堂生态主体
    - 教师群体
      - 教师个体1
      - 教师个体2
    - 学生群体
      - 学生个体1
      - 学生个体2
  - 课堂生态环境
    - 课前生成的环境
      - 课堂自然环境
      - 信息媒体环境
      - 师生固有水平
    - 课中生成的环境
      - 师生关系
      - 师生课堂态度
    - 课后生成的环境
      - 课堂文化
      - 规章制度

图4-1　课堂生态系统的主要组分

转变为基于信息化的建构式和共建式课堂教学，以提高汉语国际教育的教学效果。信息技术的大量使用使汉语国际教育课堂生态系统中的环境因子发生显著变化，为了保证系统的稳定，其他课堂生态因子必须做出相应的反应。但遗憾的是，在这个过程中，一部分教师没有及时转变教学观念，提高信息素养，也没有在课堂教学中调整课堂角色，制定信息化课堂管理规章制度；一部分学生没能及时改变传统的学习方式，接受新的教学理念，适应新的学习环境等。由于这些课堂生态因了没有同步出现相应变化，导致课堂出现了信息技术的大量使用与教师教学理念更新缓慢、学生学习习惯变化缓慢、教师信息水平提高不快、学生信息素养提高不快、教学方法转变缓慢、学生学习自主性不高、课堂气氛依然沉闷、课堂教学依然以教师为中心等情况的不协调。这些不协调的状况严重阻碍了信息技术发挥自身应有的功能，出现了教学实践与改革预期之间的落差。

（二）系统组分之间交互关系的失谐

信息技术在汉语国际教育课堂教学中的使用，不仅造成了课堂生态系统中各组分的构成比重出现失调，还造成了各组分之间的交互关系出现失谐。各组分之间的相互关系是纵横交错的，是一个网状结构。考虑到信息技术在课堂生态环境中所占的主导地位，也为了叙述上的方便，在阐述生态主体之间的失谐之后，将以信息技术为主要立足点，阐述系统组分之间的失谐现象，具体包括教师与信息技术、学生与信息技术、教学模式与信息技术、教材与信息技术、教室布局与信息技术、教学内容与信息技术、教学评估与信息技术、教学管理与信息技术等因子之间的失谐。

1. 生态主体之间的失谐

在新媒体时代汉语国际教育课堂生态系统中，生态主体呈网状交互，包括教师生态群体与学生生态群体、教师生态个体与学生生态群体、教师生态个体之间、学生生态个体之间、学生生态个体与教师生态群体之间的交互关系（图4-2），其中师生群体之间的交互关系最为重要。

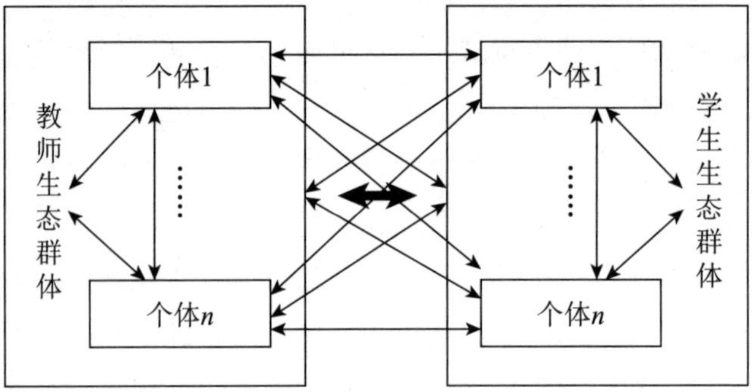

图4-2　课堂生态主体网状交互关系

由于汉语国际教育信息化改革是自上而下推行的，教师的目标是先改革，大量使用计算机网络等信息技术开展网络教学，在改革中发现问题并解决问题。对于学生来说，改革不改革并非他们关注的事情，他们的目标就是高效、迅速地学好汉语。这反映出师生目标不完全一致的失谐现象。目标的差异反映到教学中，教师采用新的建构式教学理念，强调以学生为中心，注重学生的课堂参与，着重培养学生的自主学习能力，但对这些教学模式和教学方法上的改变，部分学生并不理解和接受，他们认为教师的课堂讲解是最快、最有效的传授知识的方式，组织他们进行课堂讨论和放手让他们自主学习都是浪费时间的做法。这反映出师生理念不同的失谐现象。

在汉语国际教育信息化改革进程中，由于大量使用网络教学，加之有些教学系统的师生交互功能并不健全，有一定的滞后性，使同步交流比较困难，师生交流不够流畅，导致信息语境下的教学缺乏情感的交互。新媒体时代信息技术不仅是用来传输知识的，也可以用来传输情感，实现师生之间的情感交互。但是，目前在汉语国际教育网络教学中普遍存在认知与情感的失谐。汉语国际教育网络教学把“以学生为中心”和“学生自主”视为宗旨，将培养高智商人才作为教育目标，关注如何向学生传授知识与技能，却忽视了如何进行情感交流。网络学习的情感培育很重要，但没有得到重视。有些教师很少上网查看学生的学习情况，不针对学生的网络学习情况给予反馈，也不在网上给学生答疑解惑。还有一些教师对网络教学的理解存在误区，导致师生之间的交互大幅减少，不仅影响了学生的学业成就，而且引起了师生关系的失谐。

总的来说，在新媒体时代汉语国际教育课堂生态系统中，信息技术的介入，导致师生之间存在目标上的差异、理念上的不同、交互上的不足、交流上的不畅等情况，影响了师生之间的和谐度。

2. 教师与信息技术的失谐

教师在新媒体时代汉语国际教育课堂生态系统中的主要身份是知识的转化者和生产者，主要职责是将知识作为信息传输给学生。在传输过程中，信息技术起着媒介的作用，能尽力减少信息流在传输过程中的流失和衰减，帮助教师完成知识传授和能力培养的使命。这样一来，教师和信息技术就构成了良好的、和谐的互动关系。但是在目前的汉语国际教育教学实践中，对于一部分教师而言，这种健康和谐的关系并未建立起来，主要表现在以下三个方面。

第一，信息技术的课堂应用与教师信息水平不高之间存在矛盾。信息技术的广泛应用对教师的信息水平提出了挑战，但是一些教师没能及时提高能力和转变观念来适应课堂环境的新变化，他们在主观上不太愿意通过学习来提高自身信息水平，使“上级要求”与“客观现实”形成了一组矛盾，这组矛盾的存在严重影响了教师与课堂环境的互动。

第二，汉语国际教育生态课堂的教学理念与教师传统教学理念的矛盾。新媒体时代汉语国际教育生态课堂重视以学生为中心，重视师生互动以及师生与课堂环境的互动，重视学生的课堂参与和探索发现。然而，在现实课堂中，有不少教师教学理念滞后，没有充分利用网络和多媒体技术的优势组织学生开展各种语言实践活动和探索活动，没能将讲授型课堂改变为基于信息化的建构型课堂和共建型课堂。

第三，对网络多媒体教学的错误解读，主要表现为对网络教学的过分依赖或对网络教学的不信任。任何事物都有两面性，网络教学也一样，既有优势，也有劣势。有些教师只看到网络教学的优势，认为网络教学能够解决一切问题，学习完全是学生自己的事，因此将一切交给了网络，缺少和学生的网络互动；有些教师过分依赖多媒体课件，将汉语国际教育课变成课件展示课，总以为这样教学信息量更大，能教给学生更多的知识，完全没有考虑到学生的消化吸收速度和接受能力。这些行为都过分夸大了网络和多媒体的作用，忽视了教师作为课堂生态主体的重要引导作用。相反，也有一些教师始终认为网络教学耗时大，收效微，对网络教学持不信任态度，因此产生抵触情绪，拒绝在课堂教学中使用新媒体时代信息技术。上述比较偏颇的做法，造成了教师与信息技术之间的失谐。

3. 学生与信息技术的失谐

学生在新媒体时代汉语国际教育课堂生态系统中的主要身份是知识的消费者和分解者，他们接受来自教师和其他信息源的信息，消化吸收后，最终以为社会做贡献的方式将能量和智能返还社会。在新媒体时代汉语国际教育课堂生态系统中，信息技术起着媒介作用，帮助信息和能量实现最大限度的传输，并以此与学生建立和谐的关系。在目前的汉语国际教育课堂教学中，依然存在学生与信息技术不和谐的状况，主要表现在以下两个方面。

第一，信息技术的广泛应用与部分学生信息能力及素养不高之间存在矛盾。有一部分学生因学习动机较弱、自控力差等因素，消极应对网络学习。对于这些学生来说，信息技术没有起到任何帮助学习的作用，课堂生态主体与课堂生态环境之间缺少了良性互动，导致系统出现失衡情况。

第二，信息技术的广泛应用与学生学习观念和方法陈旧之间存在矛盾。新媒体时代的教育理念特别注重能力的培养，鼓励学生通过参与、体验和实践去探索发现知识，主动建构自己的知识体系，按照个人的意愿自由发展。在这方面，网络因其丰富的学习资源和快捷的传输能力而独具优势。但是，有一些学生消极应对网络学习，原因并非其信息素养不够，而是因为他们坚信中学养成的学习习惯和摸索出的学习方法的有效性，所以拒绝与网络多媒体等新媒体时代信息技术形成互动。

4. 教学模式与信息技术的失谐

教学模式是指符合特定的教学理论逻辑的、为特定教学目标服务的、相对稳定的教学活动结构。它是教学方法、程序和路径的综合体，体现了一定的教学理念，能帮助教师根据一定程式设计课程，安排教学材料，指导课堂教学等。在新媒体时代汉语国际教育课堂生态系统里，教学模式属于环境因子，对教学活动产生重要影响。在信息技术应用于汉语国际教育教学以后，因为计算机网络等信息技术可以帮助学习者反复进行语言训练，尤其是听说训练，还能提供大量真实的外语学习资料，包括音频和视频材料，所以基于计算机网络的建构式教学模式备受关注。但是，在新媒体时代汉语国际教育课堂生态系统中仍然存在着教学模式与信息技术的失谐，主要有两点原因。

第一，在信息技术的语境下使用了传统的教学模式。有些学校认识到了计算机网络的教学优势，购置了先进的计算机，建立了自主学习中心，创建了良好的网络学习环境，但是没有真正执行新媒体时代汉语国际教育课堂生态系统所推崇的建构式教学模式，没有真正放手让学生在网络环境下自我计划、自我管控、自我探索、自我完成汉语学习任务，而只是通过传统作业的形式让学生在自主学习中心通过计算机学习光盘版的教材，导致信息技术的生态功能没能充分发挥出来。这种教学模式是虚假的信息化教学模式，自然不能与信息技术形成良好交互。

第二，在信息化教学模式下，信息技术的优势因为某些原因没能充分发挥。首先，如果学生网络学习的能力和自主性不够，就会严重影响教学模式与信息技术的良性互动，进而影响学习效果。其次，如果教师的教学方法不妥，没有给予适当的指导，没有合适的网上监控，没有恰当的课堂检查，没有必要的师生感情交互，则很难保证计算机网络学习的效率。

5. 教材与信息技术的失谐

教材和信息技术同属新媒体时代汉语国际教育课堂生态系统中的信息媒介，其任务是帮助教师完成知识的传输，二者的职责相同，因此形成了竞争关系。为了避开恶性竞争，二者就要利用各自的优势进行错位发展，在竞争的前提下形成互补关系，方能形成良好的对立统一关系，共同打造新媒体时代汉语国际教育课堂生态系统中的立体化教材环境。但实际情况是，有些出版社设计的网络学习平台中的内容就是网络版的教材，没有做很好的拓展和延伸，而且有些光盘版和网络版教材还没有完成与信息技术的磨合，在设计上存在不少缺陷。信息技术对教材开发也有制约，教材网络化需要大量的资金成本和时间成本，出于利益的考虑，很多出版社刻意减慢了开发新教材的节奏。很多高校为了管理方便，一般不会选择太多的教材，影响了教材的多样性和教师的自主性，这些都表明教材和信息技术之间存在失谐现象。还有一种情况是，有些教师和学生一直把教材当成唯一的媒介，习惯照本宣科，教材成为学生获取信息和知识的唯一渠道。在这种以教材为中心的汉语国际教育课堂上，教学内容封闭，教学行为僵化，信息技术毫无用武之地。以上情况导致教材和信息技术之间或同位恶性竞争，或貌合神离，或形同陌路，进而导致它们之间的关系失谐。

6. 教室布局与信息技术的失谐

教室布局是指教室的物理环境，包括灯光设计、座位布局、黑板位置、墙壁颜色等。这些因素和同属环境因素的信息技术之间同样具有相互作用和相互依赖的关系。例如，多媒体教室里基本都有投影机，当投影机将连通网络的电脑桌面内容投影到屏幕上时，首先需要幕布颜色的配合，然后需要教室灯光的配合，否则学生是看不清投影内容的。如果要播放网络上的一段视频，教室里还须配备音箱。可见，信息技术也需和教室布局保持和谐的交互，才能充分发挥其功能。

关于座位的安排、学生对座位的选择、学生选坐的位置等因素对学生课堂上的表现的影响，当代生态外语课堂教学观认为，外语学习是学习者的知识和经验与外界环境互动的过程，在这个互动过程中，信息技术要与其他环境因子一起为师生课堂活动提供便利。新媒体时代汉语国际教育课堂教学非常重视丰富多彩的课堂活动，尤其是在口语教学中，教师经常会先利用信息技术播放一段视频，然后班级分组讨论。这时，传统的教室座位布局就与信息技术之间形成了不和谐的状况——教室座位布局难以提供舒适的小组讨论环境来支持学生围绕视频内容自由讨论。当前国内的座椅都按传统的纵横排列法，很少有教室能够根据需要将座位呈环形、马蹄形、矩形等变化排列（图4-3），而固定化的座椅不利于课堂开展信息化条件下的各种练习活动，影响了信息技术功能的发挥。

7. 教学内容与信息技术的失谐

在新媒体时代汉语国际教育课堂生态系统中，教学内容就是系统要传输的主要信息。信息通过教材、网络、多媒体等媒介，在教学活动所赋予的能量的推动下，实现了在系统内各生态因子尤其是生态主体之间的流通，同时起到了连接系统各生态因子的纽带作用。当前，在新媒体时代汉语国际教育课堂生态系统中依然存在教学内容与信息技术的失谐

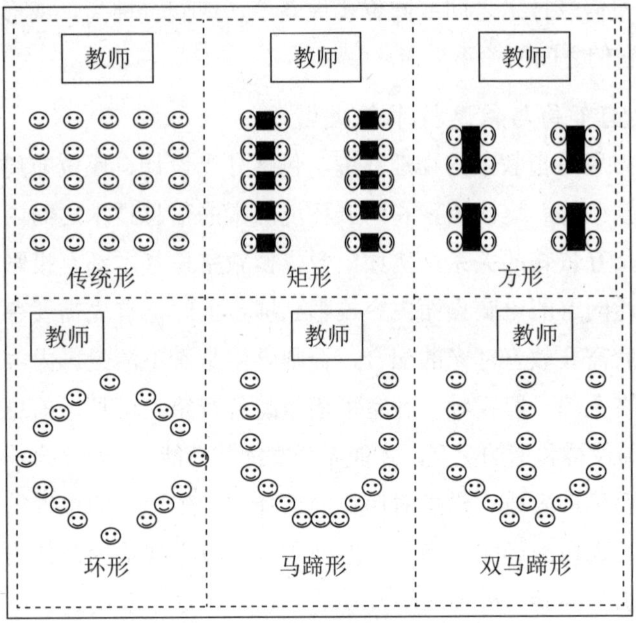

图4-3　教室座位设计模式

现象，主要体现为信息技术条件下教学内容的适切性不够。

传统的教材在信息承载方面具有一定的局限性，信息技术的功能更加强大，能以更快的速度和更生动形象直观的方式传输更多信息。在新媒体时代汉语国际教育课堂生态系统中，教师应该根据信息技术的特点，适当调整所要传输的信息的量和类，适当布置网络自主学习的任务。但是在实际教学中，部分教师仍然把教材作为唯一的知识来源，把书本上的知识当作所有教学内容，引起了教学内容与信息技术的失谐。殊不知，合理的教学内容应该来自师生对课程内容、教材内容、网络多媒体教学内容以及具体教学实际的综合加工。教师既要合理地使用教材进行传授式教学，又要对教材内容进行选择、取舍、加工，合理地组织教学过程，在各种教学活动中还要有意识地培养学生的自主学习能力和可持续发展能力，培养学生自我发现和自我判断能力，培养学生发展学习策略、创造新知识的能力。

8. 教学评估与信息技术的失谐

教学评估是汉语国际教育课堂教学的一个重要环节，科学、合理、有效的评估能够为师生提供大量的反馈信息，帮助师生及时调整教与学行为。新媒体时代汉语国际教育课堂生态系统为多元评价创造了良好的条件，但在现实教学中，很多学校都未能利用信息技术的牵引来构建多元评价体系，因此出现了信息技术的运用与单一的传统评价方式之间的失谐。

计算机网络等新媒体能够解决传统语境中一些解决不了的问题，尤其是学习的过程性记录问题。在传统的汉语国际教育课堂教学中，教师对学生学习的过程性记录主要是学生出勤情况和作业完成情况的登记，这些信息的登记涉及较大的工作量，如果教师的责任心不强，没有对学生的形成性评价给予足够重视，便会导致学生在学习过程中的表现不能得到全面准确地反映。如今，信息技术能够轻松自如地解决这些问题，对学生网络学习的过程性情况进行全程记录。这样一来，教师只要调看这些数据，就能得到很多有价值的反馈信息，进而及时调整教学设计，合理地指导学生。学生也可以利用网络评估平台对教师、同学甚至自己进行评估，从而形成多元评价机制。令人遗憾的是，很多学校虽然建立了学生评教机制，但利用信息技术开展学生自评和互评的学校尚不多见。仅就教师对学生的评估来说，由于有些教学系统设计还不够完善以及教师固有习惯的影响，部分学校和教师依然以终结性评价为主，这与信息技术的强大功能形成了反差，引起新媒体时代汉语国际教育课堂生态系统的失谐。

9. 教学管理与信息技术的失谐

教学管理是指为了实现教学目标，按照教学规律和特点，对教学过程进行的全面管理。教学管理可以分为不同层次，在新媒体时代汉语国际教育课堂生态系统中，教学管理包含两个层次：一是课堂教学中的教学管理，属于系统内部的管理；二是对课堂教学的管理，属于系统外部对课堂生态系统的管理。在新媒体时代汉语国际教育课堂生态系统中，教学管理与信息技术的和谐互动应该表现在两个方面：一是教学管理有助于信息技术在课堂生态系统中充分发挥功能；二是信息技术有助于提高教学管理工作的效率。二者属于互相促进的关系。相反，如果二者不能相互促进，甚至互相影响彼此功能的实现，则谓之失谐。

在汉语国际教育信息化改革进程中，教学管理与信息技术的失谐现象确实存在，而且对改革形成了较大的阻力。首先，现行的教学管理还不能很好地推动信息技术在课堂教学中的广泛应用。以工作量计算为例，很多高校至今没有出台如何承认网络教学工作量的相关管理办法，导致教师花费在网络教学管理上的时间和精力没能得到合理承认，严重打击了教师参加信息化教学改革的积极性。对于学生来说，很多学校和教师没有及时制定关于学生网络学习的规章制度，包括上网学习的时间要求、纪律要求、奖惩措施、网络学习在评估中的比例等，还有一些学校有了相应的制度，但执行力不够，最终导致有些学生的网络学习流于形式，没有取得预期的效果。其次，信息技术在教学管理方面的应用水平还有待提高。汉语国际教育的教学管理是将现代管理的计划、组织、指挥、协调、控制五大要素科学地运用于汉语国际教育教学活动中，融会贯通于汉语国际教育教学的各个环节中。但是，目前信息技术还没有全面涉入教学管理的各个环节，而是集中应用于汉语国际教育学习系统之中。

二、功能上的失调

系统是由一些元素通过相互作用、相互关联、相互制约而组成的具有一定功能的整体。本书结合课堂生态的性能和生态课堂的特征，从系统对内部结构、内部关系、系统整体以及外部环境（社会）所产生的作用，归纳出三大功能，即结构优化功能、关系调谐功能、演化促进功能。新媒体时代汉语国际教育课堂生态系统在功能上出现失调，即表现为这三大功能的衰减。

（一）结构优化功能衰减

系统不同于集合，集合只是一些分散的人或物聚集到一起，系统却是一些元素聚合到一起之后，各个元素之间产生相互作用、相互关联、相互制约的关系。正是这些元素间的相互作用力，牵引着各个元素不断进行自我调适，最终使各个元素达到一定的质和量，与其他系统组分和谐共处，使整个系统进入一种相对稳定和平衡的状态。在自然界中，各种生态系统都具有这种自组织能力，最终牵引着系统达到自然平衡的状态，但整个过程会非常缓慢。在社会生态系统中，因为生态主体具有很强的能动性，一般会使系统较快地调整到平衡态，反之，就证明系统的结构优化功能明显减弱。

新媒体时代汉语国际教育课堂生态系统出现了结构优化功能的减弱，可以通过对系统结构的观察予以论证。信息化改革之前的汉语国际教育课堂生态系统处于相对平衡的状态，对这种平衡态产生巨大扰动作用的就是信息技术在汉语教学活动中的大量使用。信息技术迅速演化为课堂环境因子中的主导因子，其产生的扰动作用大大超出了系统本身的自组织和自修复能力，牵引着其他课堂生态主体和课堂环境因子进行调节和改变，但当前系统内各组分的构成比重仍然处于失谐状态，从系统动荡过程的时间跨度以及系统现在的结构状态加以判断，系统的结构优化功能减弱了，难以自行修复系统内的平衡。

（二）关系调谐功能减弱

新媒体时代汉语国际教育课堂生态系统的关系调谐功能减弱，可以在课堂生态系统内部出现的各组失谐关系或各组矛盾中得到印证。前文以信息技术为立足点，描述了九组系统内各生态因子之间的失谐状况，这些失谐关系可以概括为以下三点。

第一，传统观点与改革理念上的失谐。有不少教师、学生和管理工作者坚持原有的教学观、学习观和价值观，不愿接受新的教学理念，如任务型教学、交互式教学、研究性学习等，导致各种矛盾出现，包括教师对学生、学生对教师、教师对课堂环境、学生对课堂环境等的不满。

第二，改革的大力度与现实能力之间的失谐。汉语国际教育信息化改革对课堂生态主体提出了很高的信息素养要求，而现实中的部分教师和学生受限于各种原因，信息素养不够，导致很多理想与现实的矛盾出现，如学生的自主性与要求有很大差距，教师的信息素养和积极性与要求有很大差距，网络教学系统的设计与理想状态存在差距，教材的编写方式、内容选择、呈现方式与理想存在差距，教学管理的烦琐与原先的期待出现落差等。

第三，输入与输出的失谐。对于教学系统来说，通过设备、软件的购置而输入系统的人力、物力和财力似乎与改革的成效不成比例。对于学生来说，通过课堂和网络系统的汉语国际教育语言输入和学生实际能力的提高不成正比，过程中间存在大量能力的损耗，如学习各种教学系统和教学规章的时间投入、往返机房的时间损耗等。

需要说明的是，这些复杂的失谐关系并不是同时出现的，也不是同时发生在一个学校或一个课堂生态系统里。不管怎样，这些失谐的关系在一定程度上客观存在于新媒体时代汉语国际教育课堂生态系统中，而且至今仍然没有通过系统自身的纠偏功能予以修复，这证明系统调谐关系的能力在失衡状态下减弱了。

（三）演化促进功能减弱

系统的结构优化功能、关系协调功能和演化促进功能是相辅相成的，只有结构上得到优化，各种关系才会协调，系统才能完成逐渐的演化。从这个角度来说，结构优化和关系协调是系统演化的前提。从营养结构来说，系统的优化依赖于系统的三大营养功能，即物质循环、能量流动和信息交换。课堂生态系统作为一个微观生态系统，也同样具有以上三大营养功能。系统内交换的信息就是知识，系统内流动的能量就是师生通过教学活动所输入的能量，系统内循环的物质可以理解为信息交换过程中带来的智能流以及外部环境输入系统的物质，如教学装备等。

在信息技术的强力介入下，汉语国际教育课堂生态系统被迅速带离平衡区，如果系统通过自身的作用在这个区域重新建立平衡，就形成了耗散结构，系统也完成了一次演化。但是，正如前文所分析的那样，经过多年的运行，新媒体时代汉语国际教育课堂生态系统依然存在结构和关系上的失谐，系统不具备达成平衡的前提条件，难以完成系统的演化。从系统的营养功能分析，系统内各种关系的失谐影响了师生之间的交互，交互的减少导致输入系统的能量减少，系统内部难以产生足够的驱动力，带动由外部环境输入的大量物质流（如计算机网络等教学设施）在系统内同步流转，所以系统依然处于非平衡态。要想加快系统的演化，就必须解决好系统的动力问题。

第二节　新媒体时代汉语国际教育课堂重构的原则与要点

在一个相对平衡的生态系统中，物种能够达到最高和最适量，物种之间彼此适应、相互制约，各自在系统中进行正常的生长发育。课堂生态是一个人工生态系统，与自然生态略有差异，但是当它处于平衡状态时，同样具有类似的特征：课堂生态因子之间相互作用、相互制约，且能充分发挥效能；课堂学生数达到最适量，并能保持多样性、个性化发展；教师得到专业发展，并反哺教学，形成师生共生的良性循环。然而，新媒体时代汉语国际教育课堂生态受限于种种原因，还处于非平衡态，系统结构还不够合理，系统功能未能得以充分发挥，育人功能没有得到充分释放。如何重构新媒体时代汉语国际教育课堂生态系统的平衡？这是当前摆在汉语国际教育工作者面前亟待解决的问题。

本节先运用生态学、系统科学和教育学相关理论，阐明重构新媒体时代汉语国际教育课堂生态系统的原则，然后从重构要点两个层面探讨了如何在新媒体环境下通过信息技术与汉语国际教育的有机整合，重构汉语国际教育课堂生态系统，构建汉语国际教育生态课堂。

一、重构原则

好的原则能够正确地反映事物的客观规律，一般具有高度概括性和不言自明性，能引导和规范人们的思想和行为，对人们观察问题和处理问题具有指导意义。重构新媒体时代汉语国际教育课堂生态系统，需要在思想和行动上遵循生态性原则、系统性原则和有效性原则。

（一）生态性原则

生态性原则主要是指以生态的视角为研究方向，以生态学研究方法为主要手段，以生态学理论为主要依据，以生态化为价值取向，观察、分析和解决新媒体时代汉语国际教育课堂生态系统失衡问题。

第一，坚持生态性原则就是要坚持以生态的视角来认识汉语国际教育课堂教学的本质，观察、发现和分析汉语国际教育课堂教学中出现的问题。从生态的视角看，课堂从本质上是一个微观生态系统，课堂教学就是生态系统通过各生态因子之间的交互而实现能量流动和信息传递的过程，课堂教学问题实质上是课堂生态系统结构和功能上的问题，包括结构上的失衡和功能上的失调等。要想重构新媒体时代汉语国际教育课堂生态系统，就必须从生态的视角认证课堂的身份，认识课堂的生态性，主动发现课堂生态系统中出现的各种问题，分析课堂生态系统之所以出现失调和失衡的原因，因病施治，对症下药。

第二，坚持生态性原则体现在以生态学研究方法为主要手段。生态学作为研究生物与环境之间相互关系的一门学科，经过100多年的发展，已经形成了本学科的研究方法，主要包括原地观测、受控实验和综合分析。到了新媒体时代，生态学在突破传统的自然科学界限并向人文社科领域拓展之后，在方法上也更加注重层次性、整体性、系统性和协同性。运用生态学研究方法探究教育问题，是教育生态学的研究范畴。作为跨越教育学和生态学两个领域的一门独立学科，教育生态学借鉴了这两门学科的研究方法，并在吸收系统科学研究成果的基础上有所发展，主要路径是通过类比的方式将生态学研究方法移植到对教育问题和教育生态的研究之中，坚持跨学科研究，融会贯通系统论、协同论、耗散结构论等系统科学的研究方法和生态学的方法技巧，坚持从整体、分层、系统、协同等多维度研究教育生态。在研究新媒体时代汉语国际教育课堂生态系统时，可以运用课堂观察、教学实验和综合分析的方法，融会贯通生态学、系统科学和教育学的相关理论，研究课堂生态系统中各组分的结构和功能，研究它们之间的相互关系、它们与系统整体的关系以及系统整体与外围环境之间的关系，发现和分析课堂生态系统结构和功能上的失调与失衡，探究失调和失衡的原因，找出应对策略，重构和谐共生的新媒体时代汉语国际教育课堂生态系统。

第三，坚持生态性原则体现在生态学理论在汉语国际教育课堂生态研究中的具体运用。近年来，由于信息技术的大量介入，汉语国际教育课堂生态系统出现了一些结构上的失衡，包括系统组分构成比重的失衡、系统组分之间交互关系的失谐。在功能上，汉语国际教育课堂生态系统也出现了失调状况，包括结构优化功能衰减、关系调谐功能减弱、演化促进功能退化等问题。对此，必须坚持灵活地运用生态学的相关理论，如限制因子理论、生态位理论、生态链法则、最适密度原则、花盆效应等，本着适度调控、整体优化、平衡和谐、良性循环、互动共进、差异多样等原则，才能构建新媒体时代汉语国际教育课堂生态系统。

第四，坚持生态性原则体现在以生态化为课堂教学的价值取向，也就是以构建生态课堂为目标。生态化的课堂教学所追求的目标境界是课堂教学不仅要关注学生的认知过程，关注知识传授，还要关注学生的情感、态度以及价值观，更要关注学生的成长过程和全面发展，为学生的发展提供一个和谐自由的环境，实现教育的生命价值。除了对学生全面、个性、自由发展的高度关注，生态化的课堂还关注教师的专业发展，与学生的全面发展形成良性互动。就新媒体时代汉语国际教育课堂生态系统而言，实现生态化就是要对异化的课堂进行生态化改造，重构课堂生态平衡，创建汉语国际教育生态课堂。生态课堂观认为，生态课堂是一个联系的课堂、发展的课堂、和谐的课堂、共生的课堂。生态课堂的内涵包括课堂中和谐平衡的环境生态、文化生态、行为生态、心理生态、关系生态等。更具体地说，生态课堂追求和谐共生的生态课堂环境、民主平等的生态师生关系、互动对话的生态课堂交往、动态发展的多元评价机制。从本质上说，生态课堂是一种内外关系和谐的、利于师生共同成长的课堂生态。构建新媒体时代汉语国际教育生态课堂，可以促进低层次的、欠和谐的、失衡的课堂生态系统演化为高层次的、和谐的、平衡的课堂生态系统。

（二）系统性原则

系统性原则主要是指坚持从系统的视角、运用系统论观点和方法研究问题。20世纪70年代以来，生态系统成了生态学研究的重点和方向。随着教育生态学的发展，教育生态系统及其失衡与平衡问题逐渐成为教育生态学研究的中心课题。基于对教育生态系统复杂性的认识，人们提出将复杂科学的原理和方法引入教育系统的研究中，包括系统论、信息论、协同论、耗散结构论等。汉语国际教育课堂生态系统虽然只是一个微观的教育生态系统，但仍具有系统的复杂性，包括复杂的结构关系、交互关系和动态平衡性。汉语国际教育信息化教学改革的过程是一个复杂的过程，很多因素难以控制，需要在复杂理论的指导下运用系统分析的方法进行研究。鉴于此，若要重构新媒体时代汉语国际教育课堂生态系统，必须坚持系统性原则。

坚持系统性原则，就是运用系统科学相关理论和方法研究课堂生态系统，解释课堂生态系统失衡的机理，探寻和谐共生的课堂生态系统的构建策略。系统科学相关理论主要包括系统论、信息论、控制论等“老三论”，以及耗散结构论、协同论、突变论等“新三论”，系统研究方法主要是指“分析＋综合”的研究范式，把分析和综合辩证地结合起来，既对系统的组分、结构、功能、关联等予以分析，又对它们进行综合的系统考察。系统研究要坚持动态的观点，把系统放到动态的运动中去把握，从中找出系统的动态规律，在动态中协调整体与部分的关系，使部分的功能和目标服从于系统总体的最佳目标，以达到整体最优。系统研究要坚持全局的观点，从全局看局部，研究局部与局部之间的关系、局部与全局之间的关系、系统与环境之间的关系，而不是机械地、孤立地对课堂生态系统复杂性进行分析研究。系统研究要坚持联动的观点，系统内部诸要素之间相互作用、相互影响，任何一个组分的变化都会对其他组分带来联动效应，从而影响到各要素之间的相互关系甚至系统整体的平衡。

坚持系统性原则重构新媒体时代汉语国际教育课堂生态系统，需要关注以下问题：如何优化或重构汉语国际教育课堂生态系统的结构；如何调谐课堂生态系统中各生态因子之间的关系；如何利用反馈信息调节课堂生态系统的平衡；如何运用最优控制理论实现课堂生态系统的最优化；如何运用自适应控制理论来预测和预防课堂生态系统的失衡；如何利用外界条件的改善，如信息技术的应用，促使课堂生态系统失衡而发生突变，从而建立新的稳定结构或耗散结构等。

（三）有效性原则

有效性原则就是坚持有效教学，坚持以好的教学成效为一切教学活动的目标指向和评价标准。在重构新媒体时代汉语国际教育课堂生态系统的过程中，必须以追求好的教学成效为出发点，整合信息技术与汉语国际教育，创建生态课堂，实现有效教学。

自有教学活动以来，人们就一直追求教学的有效性。孔子倡导启发式教学和因材施教，认为学生要“温故而知新”“学而时习之”，苏格拉底则倡导“产婆术”，即教师通过讽刺（连续巧问使学生陷入矛盾并承认无知）、助产（启发学生思考）、归纳和定义（帮助学生掌握明确的定义和概念）等步骤传授知识，这些都是对教学方法及其效果的关注。孔子非常注重培养弟子“告一隅而知三隅”“闻一而知十”的能力，夸美纽斯创立班级教学制，这些都体现了对教学效率的追求。作为概念化的教学理念，有效教学源于20世纪上半叶西方的教学科学化运动，比较早的、系统的相关研究出现在20世纪六七十年代，我国则于20世纪80年代初期开始对有效教学进行系统的研究。

有效教学在目标上是促进学生知识、能力、性格的健康发展，在过程上是教师有效地教和学生有效地学，在结果上是实现预期的教学目标和教学效益。汉语国际教育信息化教学改革的出发点，正是要充分利用信息技术，提高汉语国际教育教学成效，提升学生实际应用能力、自主学习能力和跨文化交际能力。可以说，汉语国际教育信息化教学改革从一开始就以有效教学为目标指向。在科学整合信息技术与汉语国际教育、重构新媒体时代汉语国际教育课堂生态系统的过程中，必须继续坚持有效性原则，始终以是否有利于教师有效地教和学生有效地学、是否达到预期教学效果为评判标准，调整课堂生态系统的结构，发挥课堂生态系统的功能，实现课堂生态系统的目标。这也正是有效教学最新的发展趋势——生态化取向。生态化取向的有效教学理论强调，有效教学应该统筹考虑学习者、教育者、教学内容与环境等各个要素，将学习者的学习与发展置于开放性的、与外界不断互动的生态化的系统中来考虑。按照这一说法，重构新媒体时代汉语国际教育课堂生态系统的平衡，就是要以有效果、有效率、有效益为价值取向，调整和改变教师、学生、环境等课堂生态系统内部结构各要素，协调发展课堂生态因子之间的交互，提高课堂生产力。

二、重构要点

（一）发挥信息技术作为主导因子的引领作用

信息技术对教育发展具有革命性影响，是推动教育模式演变的一个重要力量，必须予以高度重视。在汉语国际教育信息化教学改革进程中，准确理解信息技术在课堂教学中的生态位，有助于充分发挥信息技术的引领作用，带动课堂生态系统中其他因子进行结构和功能上的调整，从而修复改革初期因信息技术的广泛应用而给课堂生态系统造成的失衡。

要想充分发挥信息技术的引领作用，必须在政策层面敢于大力推进汉语国际教育教学信息化进程。十几年前，教育部高等教育司清晰地认识到教育信息化的必然趋势以及汉语国际教育教学改革的内外需求，制定了一系列相关政策，出台了一系列相关文件，采取了一系列相关举措，大力推进汉语国际教育信息化教学改革，给汉语国际教育的方方面面带来了很大改观，同时给汉语国际教育课堂生态系统造成了巨大的扰动和失衡。在此情况下，如果继续大力推进信息化教学改革，采取相应举措，有望使课堂各要素因协同作用而形成合力，帮助课堂生态系统在远离平衡区域实现突变，并逐渐形成耗散结构，使其达到新的动态平衡。然而，由于信息技术难以发挥其引领作用，汉语国际教育课堂生态系统重回线性区域的失衡状态。需要指出的是，平衡是相对的，失衡是绝对的，失衡有程度之分。最低程度的失衡是孤立系统接近静态的平衡和开放系统在线性区域随着时间推移而获得的近平衡；中等程度的失衡是开放系统在外力作用下围绕线性区域出现的一定幅度的波动；较大程度的失衡是协同作用导致系统在接近临界点的区域形成最大的合力而发生突变的结果。本书认为，在充分认识到信息技术对汉语国际教育发展具有革命性影响的前提下，应该允许汉语国际教育课堂生态系统在一定阶段出现较大程度或者中等程度的失衡，然后通过信息技术的引领作用和外部力量的主动干预，使课堂生态系统达到新的平衡。

此外，还应实现汉语国际教育信息化教学的常态化和深层化。汉语国际教育教学改革已经经历了十多年，然而有些高校仍然存在信息化教学的表演化和表层化倾向。表演化是基于动机的一种说法，其目的不是为了教学的有效性和生态化，而是源于形式主义，其原因是没有真正认识到信息技术的重要作用；表层化是基于技术应用的程度和层次而言，其原因是工作推进的力度不够或方法欠妥。当前，汉语国际教育信息化改革已经进入一个发展和应用相对缓慢和集中反思的高原期，这时，要想实现汉语国际教育信息化教学的可持续发展，就必须尽力推动汉语国际教育信息化教学的常态化和深层化。

（二）控制课堂生态中的限制因子

生态学中的耐受性定律认为，任何一个生态因子在数量上或质量上的不足或过多，即当其接近或达到某种生物的耐受限度时，都会影响甚至阻止该种生物的生存、生长、繁殖、扩散和分布，成为生态系统中的限制因子。在课堂生态系统中，各生态因子之间相互作用，既受系统内其他因子的影响，又会影响其他因子，最终影响到课堂生态主体的成长。当这种影响接近或达到课堂生态主体的耐受限度时，就会演变为限制因子，破坏课堂生态系统的平衡与和谐。因此，要想重构新媒体时代汉语国际教育课堂生态系统的平衡，就必须控制课堂生态系统中的限制因子。

（三）调整课堂生态因子的生态位

生态位理论认为，生态系统中的种群或物种个体都具有自己的生态位（一定的时空位置和功能），并以此保持系统的正常运行。教育生态学视界中的生态位主体并不局限于种群和物种，而是包括系统的所有组分。因此，汉语国际教育课堂生态系统中的所有要素，包括教师、学生、教材、教学方法、信息技术、课堂布局、规章制度等，都具有各自的生态位。信息技术强势介入汉语国际教育课堂生态系统后，逐渐演变成为课堂生态系统的主导因子，带来了系统内部生态位重叠、生态位分离、生态位特化等问题，影响了系统各组分之间的和谐关系，造成了系统的失衡。因此，要想重构新媒体时代汉语国际教育课堂生态系统，就必须调整课堂生态因子的生态位。

（四）引导系统各组分同步协变

在新媒体时代，汉语国际教育课堂生态系统出现了失衡现象，其重要表征之一就是课堂生态系统各组分构成比重的失调，出现这种结构上的失调主要是因为系统内部各组分没有与信息技术这个主导环境因子同步协变。因此，要想重构新媒体时代汉语国际教育课堂生态系统，就必须主动干预，想方设法引导系统各组分随着信息技术的介入而发生改变。

汉语国际教育课堂是一个微观生态系统，系统中的生物成分就是教师和学生，包括群体和个体，系统中的非生物成分就是课堂生态环境，包括课前生成的环境（课堂自然环境、信息媒体环境、师生固有水平等）、课中生成的环境（师生关系、师生课堂态度等）以及课后生成的环境（课堂文化、课堂规章制度等）。当信息技术介入课堂并成为主导环境因子后，由于系统内部各组分之间相互作用、相互影响的原因，信息技术能够在一定限度上引领其他生态因子发生同步协变。然而，由于课堂管理机制不健全、课堂生态主体的观念落后等原因，系统组分同步协变的节奏远远达不到新媒体时代教育技术迅猛发展的要求，具体体现为部分师生教学理念更新缓慢、信息素养提高不够、角色调整不到位、新的教学习惯未能养成、学习自主性不高、课堂气氛沉闷等。对此，要想提高系统组分同步协变的速度和质量，就必须具体问题具体分析，制定相关政策，采取相应举措，解决相关问题。

（五）重塑互动对话的生态课堂交往

新媒体时代汉语国际教育课堂生态系统的一个失衡现象，就是课堂生态系统各组分之间交互关系的失谐，主要包括生态主体之间的失谐、生态主体与信息技术之间的失谐、信息技术与其他生态因子之间的失谐。因此，要想重构新媒体汉语国际教育课堂生态系统，就必须协调系统各组分之间的交互关系，消解矛盾，实现互动对话。

第一，在分析教学交互属性（如图4-4所示）的基础上，重塑互动对话的生态课堂交往。以学生为中心，可以从交互对象、参与方式、交互动机、交互力量、交互意愿、交互距离、交互效果等方面对教学交互进行属性分析和分类。从交互对象来看，依据学生是否与自己交互，教学交互可以分为内部交互和外部交互。内部交互是指学生与自己的交互，是一个内外知识交互和内化的过程，学生的学习效果最终取决于自身的内部交互；外部交互是指学生与教师、学习资源、学习环境等之间的交互。从参与方式来看，教学交互可以分为直接交互和间接交互。直接交互是指学生直接参与的交互，如学生与教师、学生与学生的交互；间接交互是指学生没有直接参与的活动，如教师与教师之间、教师与资源之间的交互。从交互动机来看，教学交互可以分为合作性交互和对抗性交互。从交互力量来看，可以分为交往频繁密切的强交互和疏于交往的弱交互。从交互意愿来看，教学交互可以分为学生积极主动自愿参与的主动交互和学生情非所愿的被动交互。从交互距离来看，教学交互可以分为近距离交互和远距离交互，这里的距离既包括物理意义上的距离，也包括心理意义上的距离。从交互效果来看，可以分为正交互和负交互。正交互是指学生在与教师、学生、环境交互的过程中产生了正向的、有利于学生身心成长的交互效果，反之，则为负交互。重塑互动对话的生态课堂交往，必须采用多样化的交互方式，利用计算机网络等信息技术的优势，搭建良好的互动平台，激发学生进行主动交互，加强学生与教师、学生、学习媒介和学习资源的直接交互，以外部交互促进内部交互，提高教学交互的正向作用。此外，要在重视直接交互的同时，意识到教师与教师、教师与资源之间的间接交互对学生学习的促进作用。

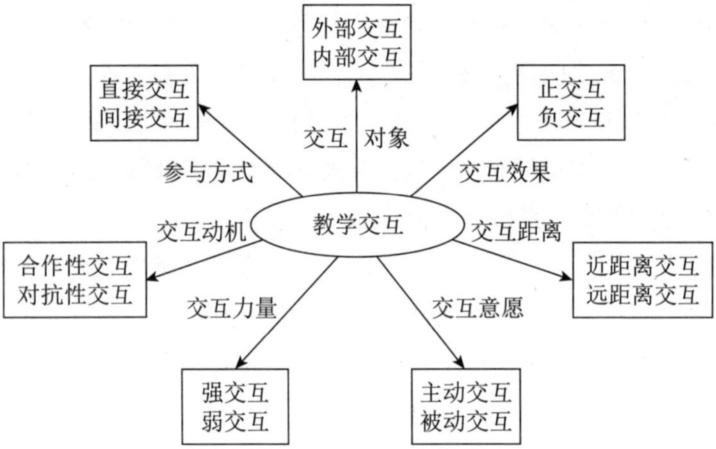

图4-4　教学交互属性分类

第二，必须激发课堂交往的动力，增强课堂互动的活力。平衡和谐的课堂生态结构是良性课堂交往的重要基础。为此，要充分发挥信息技术的引领作用，想方设法促进汉语国际教育课堂生态系统其他组分的同步协变，实现各组分构成比重的再平衡；要正确理解和合理调整汉语国际教育课堂生态系统内的营养结构，促进系统内的能量流动和信息流通。

鉴于信息技术应用于汉语国际教育的巨大优势以及信息技术使用的不可逆性，本书认为，必须坚持以信息化为语境，科学合理地整合信息技术与汉语国际教育，这是重构汉语国际教育课堂生态系统的前提条件。在宏观层面，重构新媒体时代汉语国际教育课堂生态系统必须坚持生态性、系统性和有效性原则；在微观层面，应该通过发挥信息技术作为主导因子的引领作用、控制课堂生态中的限制因子、调整课堂生态因子的生态位、引导系统各组分同步协变、重塑互动对话的生态课堂交往等方法，优化课堂生态系统的结构和功能，促进课堂生态系统的修复。

第三节　新媒体时代汉语国际教育生态课堂的重构

一、汉语国际教育生态课堂重构路径

（一）研究型教学法

研究性教学法作为一种教学法提出并形成系统理论始于近代。在杜威的《民主主义与教育》一书中可以看到研究性教学法的萌芽。杜威倡导“从做中学”，在该书中他主张将教学与研究相统一，学生应主动去发现问题，提出不同解决方法并进一步观察和试验。后来，美国教育心理学家布鲁纳的“发现学习模式”和瑞士教育心理学家皮亚杰的“认知发展学说”又为研究性教学法奠定了理论基础。1961年，美国教育家施瓦布提出具有操作性的探究性科学教育方法，其理论得到了研究性学习与研究性教学方式研究领域的广泛认可。20世纪80年代初，国外一些学者在中国推广“探究研讨教学法”，促进了研究性教学在中国的发展。

1. 研究型教学法用于汉语国际教育的必要性

第一，实现汉语国际教育目标的需要。汉语国际教育目标不是单靠课堂的讲授所能达到的，需要有学生主动的思考与切身的体会。研究性教学法用于汉语国际教育的优势在于，教师主要通过引导学生自主学习而非直接灌输完成教学任务，可以激发学生对现实的思考、对语言的实际运用。这样的学习才能够深入学生的内心，使学生形成真切的感受。

第二，提升汉语国际教育效率的需要。学生大多反感单纯的理论说教，单纯的理论讲解往往会让他们昏昏欲睡。研究性教学法用于汉语国际教育的优势在于，让学生直接参与教学活动，学生可以与教师一起分析、探讨甚至争辩问题，从而激发学生的求知欲望，调动学生的积极性，教学效果自然而然也会得到提升。

第三，丰富汉语国际教育内容的需要。研究性教学法用于汉语国际教育，既可以通过学生自主学习，使其增加阅读量、扩展知识面、开阔视野，又可以通过研究与讨论，加深学生对这些内容的理解，从而实现真正的理论联系实际。此外，研究性教学法还可以在保持汉语国际教育宗旨与教学目标不变的前提下，实现引导学生及时学习新理论，从而实现引导大学生紧跟时代、与时俱进。

2. 研究型教学法用于汉语国际教育的可行性

第一，汉语国际教育的特点适合于研究性教学法。汉语国际教育是一种较为复杂的教学过程，虽然教学活动中需要传授汉语语言、汉语文化方面的相关知识，但这些内容都不是简单的知识传授，而是要有思想的升华，都需要师生双向围绕相关教学内容进行深入研究探讨，恰好研究性教学法能够较为有效地实现这些教学目的。

第二，高度发达的信息化时代与图书馆的发展为汉语进行研究性教学提供了可能。在现代社会，电脑与智能手机已在学生中普及，互联网也越来越发达，学生可以随时找到自己所需要的信息。电子资源如读秀、中国知网、万方数据、超星图书等不断完善，学生可以轻易从中找到所需的文献，这为汉语开展研究性教学准备了良好的条件。

3. 研究型教学法用于汉语国际教育的方法

随着研究型教学法在汉语国际教育中的运用，其操作方法也在不断变化。

（1）选题方式

传统的选题方式是由教师选定题目布置给学生，然后由学生进行下一步的思考研究。研究型教学法用于汉语国际教育的创新做法有：教师选定研究题目范围，由学生从中选择自己感兴趣或者有能力驾驭的题目进行进一步的研究，而不仅仅是由教师布置安排好研究课题再直接让学生操作；在教师创设的特定问题情景和学生所具备的理论背景基础上，由学生自主选择研究方向，再通过师生互动探讨，最终确定研究题目。这两种方式都可以提高学生的参与程度，使研究型教学不仅在形式上具有研究性特征，在具体操作中的实质内容上也体现出研究性。

（2）研究活动实施场所

汉语国际教育的传统阵地就是课堂，而研究型教学法运用过程中需要的实施场所，不仅是课堂，还有课外诸多场所的利用，如图书馆、自习室等。

第一，通过课堂环节，教师组织选题讨论和最终定题，指导学生相关理论知识和研究方法让学生具备研究的基本理论条件和实践条件。

第二，通过课外的诸多环节，学生自主开展具体的研究工作。在这一过程中，一方面需要通过定期的课堂学习和讨论来推动研究工作的开展；另一方面需要学生借助广泛的课外资源，查阅资料，继续深入学习理论，针对提出的研究问题去思考、分析并寻求解决之道。因此，研究场所广泛存在于所有研究活动得以开展的地方。

第三，研究成果形成后的讨论与交流。需要通过课堂环节进行学生之间以及教师与学生之间的交流互动。

从整体来看，研究活动的开展穿插着课堂和课外两大场所，二者不分主次，共同承载着研究型教学法具体运用实施的重要载体功能。因此，研究型教学法在汉语国际教育中的创新运用，必须充分重视课内、课外两大阵地，需要挖掘传统教学法忽视的课外阵地，以提高研究活动开展的实际效果。

（3）成果交流形式

在研究型教学法用于汉语国际教育后，学生通过研究活动可以学习理论知识，获得分析问题、解决问题的思路和方法，得出自己的研究结论，这时，为了展示自己的研究成果，同时得到他人的建议，交流就是必不可少的一个环节。传统的交流方式就是组织课堂展示将研究成果展示出来，并辅之以答辩讨论。随着现代教学技术的发展，作为研究活动环节之一的交流环节也需要融入新媒体元素，用更加生动的形象展示深刻的内容。例如，学生可以借助多媒体技术制作演示材料，在演示过程中与到场师生问答互动，既展示自己的研究成果，又在问答交流中听取他人合理意见，以补充自己研究工作的不足之处。学生还可以在课堂内的交流活动开展之前，借助网络交流工具进行研究全程的组内、小组之间和师生之间的交流互动，以帮助整个研究工作的开展和最终研究成果的获得与呈现。

（二）讨论式教学法

现代讨论式教学法一般是指在教师引导下，以解决问题为中心，以教学的重点、难点、疑点、热点等为主要内容，以深化学生对教学内容的认识与理解为目的，调动学生积极性，进行师生和学生之间的讨论、对话、交流的教学法。

1. 讨论式教学法与汉语国际教育的契合性

讨论式教学法与汉语国际教育的契合性具体表现在以下三个方面。

第一，汉语国际教育的受教育者已具备一定的独立学习思考的能力，能够发表自己的观点，汉语国际教育课程本身就要求多引导和督促受教育者自己学习、思考，并发现问题、研讨问题。学校图书馆也有大量的书籍，可以满足学生讨论前的准备。因此，讨论式教学法是比较适合汉语国际教育课程的教学方法。

第二，汉语国际教育不同于一般的课程，它要求引导学生多思考与探索，而讨论与对话就是达到这一目标的重要途径。

第三，汉语国际教育中的许多内容与现实息息相关，学生大多听过，看过或经历过，因此能在很大程度上激发学生讨论的兴趣，比较容易调动学生的主动性与积极性，并形成讨论的热潮。

2. 适用于汉语国际教育的讨论式教学法类型

适用于汉语国际教育的讨论式教学法有多种类型，这里简要介绍专题式讨论、问题式讨论、案例式讨论、小组合作讨论和自由讨论。

（1）专题式讨论

专题式讨论主要是指教师在上课前根据教学目标与任务确定明确的主题，利用课堂中的一个时间段进行集中的讨论。在这种讨论模式中，教师一般要提前公布讨论的主题，让学生与教师都有充分的准备，其讨论的效果也将随着课前准备的充分程度而有所不同。总体而言，这种讨论形式问题比较集中，讨论能够较深入地进行，能够深化学生对某一主题的理解。

（2）问题式讨论

问题式讨论法与专题式讨论法有相同之处，即首先要明确一个主题。二者的不同之处在于：问题式讨论的主题是以问题的形式出现，而讨论的侧重点是对问题的解答，相对于专题式讨论而言其讨论面较窄；而且问题式讨论的主题可能不是在课前公布的，而是在课堂中公布的。

（3）案例式讨论

案例式讨论是指围绕教师提供的一个案例进行分析讨论的教学法，这个案例可能是课前布置的，也可能是课堂中教师根据教学内容的讲解顺序提供的。其目的在于通过对案例的深入讨论证明教学内容中的某个观点或理论，或促进学生加深对某个知识或理论的理解。这种讨论形式因为案例的形象性较能激发学生的兴趣。

（4）小组合作讨论

小组合作讨论是指教师将学生分成若干小组，小组根据主题先讨论，在形成系统性的观点后再在课堂中与其他小组进行交流。各小组讨论的主题可以是同一主题，也可以是一个大主题下的小论题。这种讨论形式有利于调动全体学生的积极性，可能让更多的学生参与，效果也较为良好。

（5）自由讨论

自由讨论是指教师在确定了主题后，要求学生各自思考并准备，然后单个地发表自己的见解的讨论模式。这种讨论形式较难调动学生的积极性，对于汉语课堂教学而言，总会有学生抱有侥幸的心理，认为总会有人站起来讨论，结果有可能出现无人讨论的尴尬现象。如果组织得好，还是会出现激烈的讨论局面，但因为时间有限，能够给学生表现的机会是有限的。

二、汉语国际教育生态课堂重构策略

重新调整新媒体时代汉语国际教育课堂生态系统，要体现生态性、系统性和有效性等规则，把主导因子的带头功能充分发挥，要减少限制因子的作用，创立生态化课堂环境，还原课堂生态的结构和功能。在课堂教学实践时，要树立汉语国际教育理念，创造多维互动教学的环境，构建和谐的师生关系，形成生态课堂。

（一）创新汉语国际教育观念

1. 汉语国际教育中的“五重五轻”现象

现代信息技术极大促进了汉语国际教育的变革，让很多先进的教育理念得到实施。但是，每个高校推进改革的力度是不同的、教育科学支柱的运用程度不同，师资情况不同，学生对教学的愿望不同，导致高校在汉语国际教育信息化教学改革过程中，依然存在着“五重五轻”现象，让现代信息技术与落后教学观念之间的发展失去协调。只有在短时间内转变汉语国际教育观念，才能改变这种不平衡状况。新媒体时代汉语国际教育存在的“五重五轻”现象具体表现在以下几个方面。

（1）重“教”轻“学”

近几十年来，汉语国际教育研究得到进一步发展，很多汉语国际教育教师注意到学生是学习中的主体因素，教师起着主导作用。可是在实际的教学中，一些教师的行动和观念很不一致，仍然有相当多的汉语国际教育课堂教学还是传统的“以教师为中心”的知识灌输型教学，教师只重视自己在课堂怎样讲，而不重视学生在课堂“怎么学”，不能充分调动学生的学习自主性和学习积极性。这种“填鸭式”的教学方法不能发挥学生的自主学习潜能，也不能满足自主探究的需求。

（2）重“知识”轻“能力”

有一部分汉语国际教育教师的教学观念没有及时更新，认为汉语国际教育把汉语语法知识传授给学生就完成任务了。这类教师在上课时，反复讲解某些词或词语的用法，分析某种语法现象和句型，认真讲解文章的主要内容，把这当作汉语国际教育课堂教学的全部内容。事实上，这种教学只以传授汉语语言知识为目的，忽略了提高学生的语言综合应用能力和自主学习的能力，阻碍了学生的可持续发展。

（3）重“控制”轻“开放”

在汉语国际教育中，长期重视纪律性，即重视教师严格控制和管理所有学生，重视培养认真听话但缺乏批判思维和创新思维的学生。在长期的严格控制下，很多学生失去积极参与开放式学习的机会，降低了学生的学习潜能，阻碍了学生个性的发展和开放式思维习惯的形成。

（4）重“统一”轻“个性”

汉语国际教育习惯采用统一步调的“满堂灌式”教学，它的优点是能关注学生的共性问题，缺点是难以达到“分类指导、因材施教”的个性化教学要求。然而，建立在信息科学基础上的汉语国际教育课堂教学，要求教师借助网络和多媒体的方式，加强学生个性化、多元化、差异化的发展。如果不重视学生个性化发展，就很难培养出创新型的高素质人才。

（5）重“接受”轻“探究”

在汉语国际教育中，很多学生只是被动地服从“权威”，经常消极地接受和理解以前的知识、经验和方法，这些知识也是教师用定论的方式传授给他们的。在整个学习阶段，他们主动参与的意识和探究精神不能充分发挥，也意识不到探究能力的重要性。

在信息化教学改革中，汉语国际教育中存在的“五重五轻”现象已演变成严重影响汉语国际教育课堂生态系统平衡的不和谐因子，阻碍了新媒体时代汉语国际教育课堂生态系统的重构。只有转变教学观念，带动教学方式和学习方式的彻底革命，才能从根本上改变这一落后局面。

2. 转变教学观念

（1）变“以教师为中心”为“以学生为中心”

建构主义心理学认为，知识是个体在与环境交互作用过程中逐渐建构的结果。因此知识不应该由教师教授，而应该由学习者自己进行建构。就以汉语学习为例，汉语不是教师教会的，而是学生自己掌握的。罗杰斯的“以学生为中心”的教学理论认为，学习活动的主要因素是学生，学生都有内在的潜力，他们能够自动挖掘自己的潜能，学什么，怎么学，用什么进度学习等事情都应该由学生自己决定，教师只充当帮助者和参与者的角色。

（2）变“知识传授”为“能力培养”

学习是一种过程，并不是一种结果，不仅要重视学会什么，更要重视“学会如何学习”，“授之以渔”比“授之以鱼”重要得多。汉语国际教育的能力培养要注重学生自主学习能力、自主创新能力、元认知策略和学习策略的培养，教会学生会学习，让“教是为了不教”的教学理念真正实现。教师不能只注重讲授多少个语言点或多少个语法结构，而要帮助学生在学习的过程中获得可持续学习的能力和创新能力。

（3）变“控制性学习”为“开放性学习”

开放性学习实质上就是课堂权利向学生的开放，由此带动学习思想观念的开放，学习时间、空间的开放，学习方式的开放，学习体会和感受的开放，学习决策过程的开放和学习环境的开放。在汉语国际教育中应用开放性学习方式的优点是，能发展学生个性和能够提高学生学习自主性，能增强学生的学习兴趣，充分发挥学生多方面的潜力，促进学生与教师、资源之间的信息交流。

（4）变“统一性学习”为“个性化学习”

汉语国际教育要适应个性化发展的实际情况。个性化学习强调学生个性化学习方法的形成和自主学习能力的发展。个性化教学应通过个性化培养体系，个性化课程设置和个性化教学手段等，提高学生学习的积极性，促进学生建立良好的学习态度，增强学生的学习能力，发展学生潜在的个性特长。在个性化的汉语国际教育网络课堂上，学生不再需要按照教师的统一要求去按部就班地学习，而是能够按照个人的意愿制订自己的学习计划，选择适合自己发展的学习内容，确定适合自身发展的学习步骤等。

（5）变“接受性学习”为“探究性学习”

接受式学习方法和被动学习、机械学习有一定的差别，是学习现有知识的一种学习方法，缺少挖掘探索创新精神，对学生创新能力的培养是没有益处的。探究性学习强调学生主动发现问题、分析问题并解决问题，包括模拟驱动的探究性学习、兴趣驱动的探究性学习和问题驱动的探究性学习。和接受性学习相比较，探究性学习具有开放性、实践性等特性，可以增强学生的学习水平和创新能力。

实现以上教育观念的转变，必将带动教师教学方法的变革，提高教学成效。需要说明的是，上述“五变”是指教学观念的改变和教学重心的调整，并不是将“以教师为中心”和“以学生为中心”、“知识传授”和“能力培养”、“控制性学习”和“开放性学习”、“统一性学习”和“个性化学习”、“接受性学习”和“探究性学习”完全对立起来。我们不能完全否定前者，而是应以后者为主，前者作为适当补充。

（二）构建和谐师生关系

1. 传统的汉语国际教育教学中师生的“有限互动”

在信息技术介入汉语国际教育之前，教师与学生的交流与沟通的场所主要是教室、学校活动中心。

在汉语国际教育课堂上，教师与学生之间首先要完成本次课的教学任务，然后才能进行课程外学习内容的交流，因此师生的交流时间是十分有限的，主要是教师在讲，学生在听。很多教师在完成教学工作后忙于其他事情（如进行科研），也没有时间与学生交流。在汉语国际教育课堂之外，教师在学校除了日常教学还有很多其他工作，学生的校园生活也十分丰富，由于师生的任务不同，在不同的时间段，他们需要分别在不同的空间场所内开展教与学的工作，这就更加使师生的课堂关系难以在课外继续保持良好的联系。

总言之，在传统的汉语国际教育中，师生存在着交流障碍，这些障碍有主观和客观原因，有教学安排的局限性，也受教育技术所限，教师与学生在课外缺乏沟通与交流的平台。

2. 汉语国际教育网络教学中学生的“线上沉默”

信息技术的发展和教学应用，为师生之间更加频繁的交流提供了技术支持，教师与学生可以通过QQ、微信、校园网等平台实现随时随地的线上交流。由于在汉语国际教育网络教学中，师生不是面对面的，学生对教学内容的投入状态、对教师的回应在很大程度上靠自觉，教师很难像在真实课堂教学中那样监督学生，也不容易营造线下那样紧张、专注、融洽的课堂环境氛围，使很多学生在线上课程的学习中都处于沉默、“潜水”状态。

在汉语国际教育网络教学中，学生的“线上沉默”有一部分原因是课堂时空环境和氛围造成的，也受教学内容难易程度、教学内容呈现方式、教师的线上互动方式方法等因素影响。一般来说，学生的“线上沉默”主要有以下几种类型。

（1）压制性沉默

压制性沉默的产生与教师的“教学权威”有重要的关系。在传统的汉语国际教育课堂教学中，教师是教学活动的“主宰者”，学生处于被动服从的状态，这种教学关系在很多学生的头脑中根深蒂固，难以改变。到了新媒体时代，习惯了传统汉语国际教育课堂教学环境的学生对网络教师、网络教材、网络课程产生认知冲突，在教师面前具有压力，强行压制自己的真实行为与观点，由此产生与教师互动过程中的沉默现象。

（2）障碍性沉默

在汉语国际教育网络教学中，当教学内容难度大，或知识更新滞后，或操作技术复杂，超越了学生本身的生活经验、理解能力与操作范围，学生不知如何表达，也会产生教学中的沉默。

（3）忌惮性沉默

在汉语国际教育网络教学中，有时教师为了推广线上教育资源，会制定很多与学生有利害关系的教学奖惩机制与措施，强制学生在教学过程中与教师“互动”，学生处于“被迫”状态，由此教学过程中产生了与教师的教学预想相反的教学状态。学生的这种“线上沉默”是对教师“强制”的反抗，也是对教师所制定的教学机制与措施的抵触。

3. 汉语国际教育信息化教学中师生和谐关系的构建

第一，无论教学模式怎么改变，教学都必须遵循客观教学规律，这一点在传统汉语国际教育教学中如此，在汉语国际教育信息化教学中也是如此。在汉语国际教育信息化教学中，教师的教学内容选择、教学方法与手段选用，都应该符合学生的客观认知规律、年龄与性格特点，对教学过程的安排应尊重教学的一般规律与特征，不能为了单纯地求新而开展信息化教学，否则就会适得其反，本末倒置，引起学生对汉语国际教育信息化教学的不适应，也不利于汉语国际教育信息化教学的发展。信息网络是平等交流的平台，每一个参与者都不受年龄、性别、社会地位、经济收入的影响，彼此都是平等的。信息网络上的教学是打破权威，拒绝单一、集中和封闭，更加强调多元、分散和开放的教学。师生关系是平等的、民主的、和谐的。对此，在教学活动设计与安排中，教师应以平等的心理预设启发式、互动式的教学活动，使学生在与教师互相尊重、协作、信任的环境中学习，成长。对于学生来说，在教学中不应“畏惧”教师，也不应该“藐视”教师，应心存敬爱，课堂上认真学习，积极配合教师，同时也要大胆质疑，要敢于表达自己的感受、观点。

第二，重视师生多元互动。在汉语国际教育信息化教学中，教师与学生之间的互动打破了时空界限，学生之间的互动也打破了时空界限，甚至学生之间的互动（常被教师忽视）要比师生互动更加频繁，和谐、愉快。因此，教师应鼓励学生在线上、线下的交流，鼓励学生发现、讨论、探索，提高学生的合作、探索、创新能力。教师给予学生更加开放和自由的交往空间，能改善学生的教学思维与学习能力，也有助于促进师生关系的良好转变。[1]

[1] 杨晶佩宜，穆莺莺.生态语言学视角下的汉语国际教育[J].现代职业教育，2021（3）：14-15.

第五章　新媒体在对外汉语教学中的应用

当今时代，建立在计算机信息处理技术基础之上、依托于数字化网络互动传播的新媒体，正全面进入汉语国际教育课程教学的各个环节，并有深入发展的趋势。新媒体主要以计算机、移动通信设备、数字化电视等为终端，通过搭建网络平台、运用即时通信软件、分享互联点对点（P2P）资源等方式向用户提供最新资讯与互动空间，移动性、即时性、互动性是其显著特征。新媒体在汉语国际教育课程教学中的运用，有助于优化教育资源，厘清教学体系，树立教学新规范。从发展前景来看，这将是汉语国际教育课程教育革新模式发展的必然趋势。为了便于展开研究，本章在阐述新媒体在汉语国际教育中的应用时，将研究范围限定为在中国范围内由中国人教授外国人学习汉语，即对外汉语教学的范畴。也就是说，本章重点分析新媒体在对外汉语教学中的应用，包括口语教学、听力教学、写作教学等。

第一节 新媒体时代对外汉语教学资源的整合与利用

一、新媒体时代对外汉语教学资源整合与利用的可能性

科学技术不断发展的当今社会，新媒体也成为教学改革的重要手段之一。新媒体作为信息载体，其包括丰富的资源，内容贴近社会实际，不仅能够引起受教育者的学习热情，还能够激发对外汉语教学工作者的创新能力。利用新媒体将对外汉语教学资源加以有效的整合利用，能够促进对外汉语教学的进步，实现教学与实际相结合。二者整合的可能性表现在以下三个方面。

（一）新媒体蕴藏丰富的资源

在对外汉语教学过程中，需要大量的信息和资源，而新媒体正好可以弥补对外汉语教学资源的不足，为对外汉语教学提供大量的社会资源和信息。新媒体能够反映出当今社会日新月异的变化，时事政治、社会万象、娱乐新闻等大量信息都蕴藏着丰富的资源，通过新媒体的传播，使人们可以时刻了解社会发展动态。同时，一些新兴词汇的出现，也可以为对外汉语教学与研究带来新的生机，在教学过程中通过分析这些新兴的内容，来体现汉语的精髓与实质，能够促进受教育者汉语知识的丰富和发展。

（二）新媒体的使用方便快捷

当前，新媒体的使用也越来越大众化，手机已经成为受教育者必不可少的生活用品，计算机也是大部分受教育者的标准配置。收发短信、

语音视频、网络追剧、微博讨论都已经融入受教育者的日常生活，在此过程中，不仅有大量的信息传递，情感的交流，感情的抒发，还有语言的多元多质，丰富的语言技巧和鲜明的语言特点。因此，新媒体不仅拉近了人与人、人与社会之间的联系，也增强了对外汉语教学的实践性。而且，新媒体可以将文字、语言、画面有机结合起来，能够有效转变对外汉语教学模式，提高对外汉语教学成效。

（三）新媒体在教学中具有实用性

新媒体在对外汉语教学过程中能够实现全方位的教学目标。语言学习包括语音、词汇、语法三个方面，在对外汉语教学过程中也要注重这三个方面的联系。将对外汉语教学与新媒体相结合，能够促进受教育者对现代汉语的掌握和运用能力。例如，拼音输入法可以训练受教育者的普通话；韵文的学习和运用能够提高受教育者的语言使用技巧；连续联想输入法能够促进受教育者的想象力。此外，运用新媒体播放影视作品、流行歌曲等进行教学，能体现出对外汉语教学的魅力，使受教育者印象深刻。

二、新媒体时代对外汉语教学资源整合与利用的方法和途径

新媒体与对外汉语教学相结合能够提高受教育者的兴趣，也能提高现代汉语的实用价值。那么，怎样将新媒体技术与对外汉语教学资源整合与利用起来成为一项重要课题。这里提出三种整合与利用途径。

（一）积累和筛选教学资源

积累和筛选是教学资源整合的前期准备，在新媒体时代，教学资源具有多样性，要在丰富的资源中进行筛选，毕竟并不是所有的内容都适合用于教学。因此，教师在课前需要对有效资源进行筛选。大量的资源收集到一起，并不是简单的堆积，还需要整合。在新媒体时代下，对对外汉语教学资源进行整合的方法有多种，一般形式有重新组合、技术分类、科学改编等。因为对外汉语教学需要很多的具有时代特色的内容，

所以在准备教学前，应将收集到的资源进行科学改编，使教学内容更加适用于课堂教学。组合、分类、改编都是现代技术的一部分，将现代技术与对外汉语教学资源有效结合，不仅凸显了新媒体的优越性，也能通过新媒体技术来表现出现代汉语的独特魅力。

（二）生成和构建课堂资源互动

在对外汉语教学过程中，课堂互动是提高教学效率的有效的方式之一，在新媒体的支持下，教师可以运用新媒体，让学生更加热爱汉语学习。例如，播放新闻联播中所报道的国际或国内时政、社会热点等问题，由此展开讨论。在此过程中，不仅训练了学生的逻辑思维能力，而且训练了学生的语言表达能力，在新闻联播的过程中，学生还可以听到最标准的汉语。运用来自社会和媒体的鲜活语料，虽然能够激活课堂气氛，但在讨论过程中可能会产生较大的分歧。对于这种资源的把握难度较大，教师要善于分析价值并且利用有效方式，进行总结和阐述。

（三）练习与实践相衔接

精心设计课外教学活动，利用教学资源，通过运用新媒体，开展丰富的交流与竞赛活动，是鼓励学生亲身参与对外汉语教学实践的有效方法。通过快速打字、朗诵、写作竞赛等实践活动，都能够加强学生的实际操作能力，使其巩固知识并且提高技能。新媒体时代对外汉语教学资源的整合和利用，旨在将对外汉语教学资源最优化，它包括课前准备、课中实施和课外活动等环节所有的人力、物力、社会资源和自然资源的总和。与传统教学相比，新媒体时代对外汉语教学具有很大的优势和特点，但我们也不能否认传统对外汉语教学中的优点，传统对外汉语教学中凝聚了许多专家学者的思想智慧，是长期科研与实践的成果。在科学技术不断发展的今天，我们既要保留传统教学中的精华部分，又要充分发挥主观能动性，借助新媒体，将传统的对外汉语教学资源与创新的对外汉语教学资源加以有效整合，使对外汉语教学能够与时俱进，从而凸显出对外汉语教学的重要性，彰显现代汉语的深刻内涵和独特魅力。

第二节　新媒体在对外汉语口语教学中的应用

一、对外汉语口语教学的任务

对外汉语口语教学主要包括三个阶段，即初级阶段、中级阶段、高级阶段，每个阶段的任务各不相同，具体如下。

（一）初级阶段对外汉语口语教学的任务

在初级阶段的对外汉语口语教学中，教师的主要任务是培养学生的汉语语感，具体可从以下三个方面入手。

第一，由于民族语言的差异，对外汉语学习者在语言思维上大多带有他们本民族语言的思维与模式。在进行初级对外汉语口语教学时，教师应注意在语流中教授音与义的联系，促进语音链和意义链的内化。这主要包括以下三个方面。①在教授对外汉语学习者的汉语发音，并对其发错的语音进行矫正的同时，教师应注意教授他们一些汉语的词语及其意义，以帮助他们在心理上建立起汉语音、形、义的联系，实现汉语的内化。②考虑到对外汉语口语教学必须将词语与词语链接规则、词义链接同时进行的原则，教师应做好词语链（包含词音链）及其意义链的教授，以便对外汉语学习者在较大语段中建立汉语词组的意义链与语音链的联系。③随着对外汉语学生的汉语词汇量的扩大，以及对汉语运用规则的逐渐了解，教师在对外汉语口语教学中，要注意帮助对外汉语学生在心理上形成一个由“实词链”到“实虚词链”的过渡。

第二，以语言可以使思维出现模式化的理论为依据，在对外汉语口语教学的语法结构和习用句式中，教师应注意帮助对外汉语学生形成汉语思维模式。

第三，考虑到语言是特定民族、地域文化的重要组成部分，其所负载的文化传统常常以观念的形式固定在使用该语言的民族心理中，因此教师在进行对外汉语口语教学时，要在语用规则中做好汉语文化传统法的教学。具体可以从以下两个方面入手。①文化之间的差异不仅直接表现在人们的语言交际方式中，而且以思维模式的形式固定地隐藏在人们言语行为的背后，这种思维之间的差异会对人们在一定场合的用语方式产生直接影响。例如，中国的思维含蓄，因此在表达情感的场合其语言大多是委婉的；而西方人的思维较为直接，因此他们会直接说出“我爱你”等语言。鉴于此，在对外汉语口语教学中，教师要让学生了解中国人的思维，并理解这样的思维与汉语口语表达的关系，从而进一步理解并正确使用汉语。②汉民族的心理中包含着一种谦虚不张扬的文化心理，这种文化心理也会使其在用语上表现出来。例如，当一个中国人被夸奖“你真聪明”时，一般情况下会说“哪里”。这一个“哪里”不仅充分展示了汉民族谦虚的心理，而且否定的说法可以使对方减轻心理负担。因此，在对外汉语口语教学中，教师应注意要让对外汉语学生理解汉语问答用语中所包含的文化观念，从而推动其对汉语的理解和接受。

（二）中级阶段对外汉语口语教学的任务

在中级阶段的对外汉语口语教学中，教师的主要任务是要做好对学生语音、词语以及语言组织方面的训练，具体如下。

1. 做好语音方面的训练

对外汉语语音方面的教学与训练一般会从汉语因素音值、声调等语音基础知识入手。到了中级阶段，学生已经掌握了一些语音方面的知识，这时对学生语音方面的训练便需要转为对其汉语语气、语调等方面的超音位的语音训练。在现实的汉语口头交际中，句调的构成形式的改变往往可以改变句子的理性或情感意义。重音的位置不同，句子所表示的意思也不同，这是句调的一个组成部分。句子各部分音高的对比和变化可以显示不同的意义。例如，“好啊”这一短语，如果把“啊”的音调提高，意思是表示“可以”；如果加重“好”的语气并降低“啊”的音调，往往表示批评或谴责的口气。因此，教师在对外汉语口语教学中应通过示范和操练让学生掌握表示某种意义的正确的语调。

2. 做好词语方面的训练

词语是语言学习与运用的基础，也是对外汉语口语教学的重要内容。到了中级阶段，学生大致上已经掌握了一些基本的、常用的汉语词汇，这时对其进行训练应注意教授他们一些口语化的惯用语及其表达方式，还可以教授他们一些在汉语口语表达中起链接作用的惯用语。例如，语体的风格、上下文的呼应限制、感情色彩以及适用的情境等，避免单纯的解释或内部结构分析。

3. 做好语言组织方面的训练

对外汉语口语教学实际上就是要让学生学会用汉语进行口语交际，因此做好语言组织方面的训练是对外汉语教师必须完成的一项任务。在开展汉语语言组织方面的训练时，教师应注意跳出句法结构和孤立的单句的范畴，着重对学生进行以下训练。

第一，教师应训练学生将一个个单句连接起来组成相对完整的表达单位的技能，如掌握按时间的顺序、按空间的顺序、按逻辑关系或顺序组合等方式，以及掌握各种连接方式所用的连接成分。这样做的目的是要让学生掌握使言语活动有条理的技能。

第二，教师要从聚合的角度让学生学到那些理性意义相同的各种言语表达形式，如表示同意或肯定的说法有“可不是嘛”“那还用说”等，可以将这些联系起来交代给学生。

（三）高级阶段对外汉语口语教学的任务

和其他课程相比，高级口语教学的盲目性和随意性状态更为突出。因此，要想明确高级口语课教学任务，应该从教学目标入手。

高级阶段的对外汉语口语教学更接近于让学生形成一定的汉语口语交际能力。因此，在对外汉语教学的高级阶段，教师应注意做好对学生口语成段表达能力的训练，即通过将对外汉语谚语技能与交际技能结合在一起，让学生能够正确地组织句子与语段，最终将语段形成篇章，完成对外汉语的交际。

二、各类新媒体在对外汉语口语教学中的应用

当今时代科学技术飞速发展，教学者与学习者已经充分根据新媒体平台的自身优势，结合对外汉语口语教学的特点，将新媒体应用到对外汉语教学与学习当中。由于社交媒体的普及型与便捷性，教学者与学习者最常使用的新媒体平台，即微信和AHa Chinese也得到了应用。因此，这里以微信公众号和AHa Chinese为例进行介绍。

（一）微信公众号在对外汉语口语教学中的应用

1. 微信公众号在对外汉语口语教学中的应用情况

微信公众号在对外汉语口语教学中的应用主要集中在为学生推送图文影音信息对外汉语教学上，这些消息内容可以分为两大类：一是以学习资讯为主的汉语学习类资讯，二是以通知宣传为主的汉语新闻类资讯。其中，第一类信息侧重于在语音、语法、词汇、汉字、文化、文学等方面为学生提供帮助，对对外汉语口语课堂的辅助教学作用较大；第二类信息主要推送汉语国际教育领域的相关动态、高校或培训机构的招生消息、HSK考试动态、中国当代社会的生活娱乐信息等。

2. 微信公众号在对外汉语口语教学中的优势

不同于其他类型的汉语课程，对外汉语口语课是以培养学生交际能力为重点的课程类型，强调的是语言知识的实用性，以及学生能否将知识科学合理地运用到实际交流中。利用微信公众号特点而进行的对外汉语口语课程，能有效地将线上教学与线下教学混合在一起。例如，教师可以将课外备课、课堂互动、课后管理等工作移动到微信公众号上，将线上课外资源引入课堂，以趣味性模式激发学生参与教学过程，从而实现课堂教学的完美交互。具体而言，微信公众号在对外汉语口语教学中的优势表现在以下三个方面。

第一，从课前预习角度出发，微信公众号推送的内容为学生的学习打下了积极有效的基础，可以使学生在接触课堂知识前，就先对学习内容产生一定的兴趣与热情，这在一定程度上可以减少学生对未知学习内容的排斥与抵触。学生在课前对学习内容的了解与接触，也可以使课堂

教学更加顺利，节省时间。另外，微信公众号的推送内容非常便于学生收藏和分享。学生如果发现对自己学习有用的文章时，可以将其收藏到收藏夹中，方便日后查看。微信公众号推送内容也支持转发分享，被转发的推送内容能够在朋友圈中自由传播交流，好友通过点赞、评论和再次转发，可以实现资源共享与二次传播。

第二，微信的下载、注册与使用都十分简单，受网络条件的限制较小，不管是哪个国家的学习者都可以随意注册使用。当前，微信支持日语、汉语、英语、俄语、泰语等多种语言模式，因此学习者可以自由选择语言，将操作页面设置为自己熟悉的语言以方便操作使用。微信公众号的推送内容形式非常灵活多样，不同国籍、不同文化背景的学习者的学习需求都能够得到最大限度的满足。微信公众号拥有用户分组与地域控制两大功能，可以对推送内容进行精确分类，对不同的用户推送不同类型的消息与内容。微信公众号的后台可以对用户的日常使用习惯及对推送内容的反馈进行用户信息整合，实现对用户的有效分类，为其安排有针对性的教学进程，及时纠正问题，这是利用微信公众号辅助对外汉语口语教学的最大优势。

第三，从课后对学生学习情况的追踪角度看，教师可以将微信公众号当作一个跟踪调查工具。教师通过在菜单栏中设置关键词自动回复功能的操作，可以方便学生随时随地对学习内容进行检索查询。

3. 微信公众号在对外汉语口语课中的具体应用

（1）语言知识方面

第一，语音。对外汉语口语教学主要培养的是学生的听说能力与交际能力，而提高这一能力最好的方法就是多与人交流。对外汉语口语教学是在学生掌握一定的语音基础之上进行的，但是仅仅依靠教师一方的努力是不够的，还需要学生自身的努力和练习，利用一切机会多交流、多开口。微信公众号在课前、课中、课后三大板块中推送对外汉语口语的相关内容时，会大量推送音频与视频，学生可以通过网络反复学习模仿，积极开口练习，不断完善自己的发音。在日常更新与课堂教学内容同步的推送内容的同时，微信公众号还将不定期推送不同母语背景的学习者在学习与交流时遇到的各种语音语调问题，当遇到大规模的发音错误时立即进行归纳整理，第二天统一推送或在课堂上讲解，达到真正的高效学习。

第二，词汇。相较于其他语言，汉语词汇音节较少，组合方式以词根复合法为主，常用词使用率高，便于学习者掌握，并且构词法组合相对简单，易于学习。但是，汉语中还有很多同音词、近义词、量词、四字成语、语气词等复杂易混的词类，这些词类无形之中为学习者的口语学习增加了难度。因此，在课前预习与课后复习板块的日常推送中，微信公众号将对与课程重点词汇极易混淆的同音词、同义词进行归纳总结，以帮助学习者对它们进行区分和归纳。对于口语中常用的俗语及成语，可以用视频来解释，即把俗语成语放到常用的交际场景中进行释义，这样既解释了词汇的含义，又解释了词汇的应有语境，一举两得。微信公众号在日常推送中，可以适当选择语速适中且语法用词正确的影视剧资源作为素材，既吸引了学习者的兴趣，又为学习者普及了当前社会中常用的口语词汇。

第三，语言点。汉语在语言点上最突出的特点就是名词不需要变格，动词也不需要按照性、数、格进行相应的变化，形态转变没有严格意义区分。汉语主要是通过语序和虚词的变化来表达时态的变化因此，微信公众号在进行内容推送时，要时刻强调汉语的正确语序为主谓宾。在结束一个阶段的学习后，微信公众号可以总结一次学习者在口语运用过程中的常见偏误病错句，让学习者分析错误所在，加深其对语言点使用规则的正确掌握。

（2）交际方面

不同于其他类别的汉语课，对外汉语口语课最看重的是学习者的语言运用能力，即交际得体性，要求学习能根据交际的目的、场合与对象合理地选择表达方式，并且语言要符合中国人的社会文化、语用习惯。为此，微信公众号在推送课前预习及课后复习内容时，要根据学习者的水平来选择。如果微信公众号的受众群体是零起点的学习者，那么推送的交际场景要以简单的问候场景为主，旨在使学习者了解中国人常用的礼貌用语；如果微信公众号的受众群体以初级或中级学习者为主，那么就可以推送一些包含中国人基本的生活方式、文化传统、风俗习惯与语言表达习惯为主的口语用语；如果微信公众号的受众群体是高级学习者，那么需要带领学习者了解中国社会文化现象背后的价值观念，甚至是伦理道德意识和民族心理特征。

学习者要想提高自己的口语表达能力，必然需要大量的口语实践，需要大量接触真实的交际场景。在传统的对外汉语课堂中，由于条件的限制，教师往往无法模拟真实的交际场景。而通过阅读、观看微信公众号推送的内容，可以使学习者处于真实的汉语环境中，接触到的皆为当前社会最常用的交际方式。这样一来，学习者通过接触微信公众号的推送内容，汉语语感和反应能力都可以得到大幅提升。

（3）文化方面

汉语学习者想要具备地道的口语表达能力，仅依靠课堂上的知识是远远不够的。一门语言背后所蕴含的深厚文化底蕴才是学好语言的核心所在。文化与文化之间的差异没有得到重视，目的语国家文化知识的欠缺，是导致语言难以在真实交际场景中恰当运用的最主要原因，严重的跨文化差异甚至会引发不必要的矛盾与冲突。因此，汉语学习者为了使自己的话语信息得到正确的接收与传播，必须吸收与学习中国文化。

微信公众号在进行相关内容推送时，可以适当补充一些文化背景知识，还可以开放后台留言让学习者对有疑惑的社会文化问题进行提问。由于学习者与平台管理者不需要面对面进行交流与沟通，在一定程度上也减少了学习者对于提问问题的羞涩之心。[1]

（二）“Aha Chinese”在对外汉语口语教学中的应用

1.“Aha Chinese”在对外汉语口语教学中的应用情况

“Aha Chinese”是一款融合最新口语教学理念和尖端语音评估技术、适配多终端的汉语口语教学与管理系统。这一系统由外语教学与研究出版社（简称“外研社”）联合北京外研讯飞教育科技有限公司

[1] 苗雨晴.新媒体平台在汉语口语课中的辅助教学研究[D].沈阳：辽宁大学，2019.

设计研发，基于科大讯飞的智能语音评测技术，配套外研社科学、专业的口语训练内容，旨在让汉语学习者随时随地练习汉语口语。“Aha Chinese”有体系化的学习课程，丰富多样的口语题型。它的内容体系共分为校本资源类、考试类、生活类、职业类以及综合类五大类。该系统还有多元的讲解与练习模型，包括单词跟读、短语讲解、句子跟读、填空式角色扮演。在详尽的课程与作业之后，该系统还会根据学习者的表现提供详尽科学的评估报告，为学习者提供及时地反馈。“Aha Chinese”适用于学生自主学习，教师监督进程，可以帮助学生更加有效、有趣地学习汉语口语。

2. “Aha Chinese”在对外汉语口语教学中的优势

第一，“Aha Chinese”具有丰富的汉语口语训练资源，包括校本题库、考试汉语、生活汉语、职业汉语和综合汉语五大模块。其中，校本题库支持学校自建符合自身教学内容的校本资源，与课堂教学内容紧密衔接，巩固和拓展课堂口语练习内容；考试汉语提供汉语水平考试（HSK）和汉语水平口语（HSKK）考试相关辅导课程，包含词汇背诵、考试模拟训练等，能够帮助学生实战学习内容，有效提升学生的汉语口语应试能力；生活汉语涵盖最常见的日常生活场景，为学生提供了切实可行的、丰富的“生存必备”语料，内容囊括各场景汉语交际时所需要的词汇、句式及常见表达方式与策略性应对语言；职业汉语涵盖最常见的日常求职场景，为学生提供了真实的、丰富的求职语料；综合汉语根据外研社与英国麦克米伦联合出版的综合汉语教材《走遍中国》打造了专业、系统的口语学习课程，帮助学生从基础开始系统学习汉语。

第二，“Aha Chinese”打破了汉语口语学习在时间和空间上的限制，让学生能随时随地地练习汉语口语，为学生提供了适合进行汉语口语学习的氛围。如此一来，学生便可以利用碎片化的时间高效地学习汉语口语。

第三，“Aha Chinese”改变了传统汉语口语教学模式开口难的弊端，在一定程度上减少了学生开口讲汉语的畏难情绪。通过“Aha

Chinese”应用于对外汉语口语教学，可以减少学生面对陌生人讲汉语的焦虑，让学生能通过软件自主地练习汉语口语，既提高学生开口讲汉语的频率，也增加学生讲汉语的信心，还提高学生学习汉语口语的兴趣。

总言之，“Aha Chinese”辅助对外汉语初级口语教学不仅有利于学生轻松、有趣、自主、高效地学习汉语口语，也为新媒体应用于对外汉语口语教学提供了现实意义，为后来的相关研究提供了借鉴。

3. “Aha Chinese”在对外汉语口语课中的具体应用

“Aha Chinese”应用在对外汉语口语课中主要可以在四个方面发挥作用，包括：“Aha Chinese”辅助语音音素、“Aha Chinese”辅助字词拼读、“Aha Chinese”辅助句子语调、“Aha Chinese”辅助篇章表达，以引导学生从“字”“词”“句”“篇”全面地练习汉语口语。

（1）“Aha Chinese”辅助语音音素

“Aha Chinese”辅助语音音素主要是辅助学生学习标准的汉语语音。教师可以引导学生先认读音素，帮助学生准确地认识每一个声母、韵母，为后续的字词拼读打下坚实的音素基础。进行了正确的引导之后，学生应充分发挥主观能动性模仿音素的发音，并在“Aha Chinese”中进行声母、韵母练习。在学生完成音素练习之后，“Aha Chinese”会根据学生的发音进行校音。校音是对学生音素练习的评价，可以使学生了解自己的音素发音情况。教师也可以在校音之后，认识到学生在音素学习上存在的问题，及时调整教学方式和策略。

（2）“Aha Chinese”辅助字词拼读

拼读是指将两个独立的音素进行组合，一般指声母和韵母的组合。拼读练习首先要让学生熟悉音素，即每个音素的发音以及声母、韵母之间的拼读规则和方式。例如，两拼法：前音（指声母）轻短后音（指韵母）重，两音相连猛一碰；三拼连读法：声短介快韵母响，三音连读很顺当。三拼音节也运用“两拼法”来进行拼音，即把声母和介音看成一个整体，直接和后面的韵母进行拼音，如bi-ao→biao（标），hu-ang→huang（黄），hu-an→huan（欢）。对于汉语学习者来说，音调是非常难的，教师应提醒他们注意声母不带音调，韵母才带音调，整体认读音节不能拼读。在学生熟悉了音素发音和拼读规则之后，教师应让学生根据拼读规则对“Aha Chinese”提供的字、词进行认读，以此检验学生是否掌握了当堂课学习的拼读规则。在学生认读之后，“Aha Chinese”会对学生进行字词拼读教学。这一步是为了给学生展示正确的拼读方式，以便于学生认读。如果拼音教读和拼音认读一致，则说明学生的拼音认读是正确的；如果拼音教读和拼音认读不一致，则说明学生的拼音认读存在着偏差。偏差会加深学生对拼读规则的印象，进而巩固相关拼音知识。在汉语口语学习中，操练是必不可少的，所以“Aha Chinese”下一步会引导学生做拼读操练，以此达到巩固练习的目的。在学生跟读之后，“Aha Chinese”再对学生的跟读情况进行评价，反复练习。

（3）“Aha Chinese”辅助句子语调

句子是由字词构成的，在掌握单个字词的意思时，还需要理解句子的整体意思。不同的语调可表示不同的实际意义，适当的语调也会让学生的汉语口语显得自然流畅，所以学习好语调是非常重要的。句子是由字词构成的，在掌握单个字词的意思时，还需要理解句子的整体意思。在之前的字词部分，学生已经掌握了字词的发音，所以这一部分不再做讲解。第一步就是引导学生跟读句子，通过跟读的方式可以培养学生的语感和语调。学生理解了句子的语调之后，需要加强句子的操练。在这一环节“Aha Chinese”通过分角色朗读、自由对话等方式，让学生对所学的句子进行充分的理解。学生已经对句子进行了充分的理解，理解句子之后则是运用。在这一步，“Aha Chinese”会针对学生内容给学生设置相应的情境，让他们在情境中使用所学句子，达到学以致用。在完成语音语调练习之后，“Aha Chinese”会从语音、语调方面对学生的句子练习进行评价。

（4）“Aha Chinese”辅助篇章表达

篇章是由句子组成的，比较长的段落。篇章表达考查学生的汉语理解能力和表达能力，篇章表达对学生来说是很困难的。他们不仅需要了解每句话的意思，还要理解篇章的语境。在理解完之后，学生需要对输入内容进行内化，而后在讨论中形成自己的观点，最后形成完整的篇章表达。“Aha Chinese”辅助篇章表达分为三步，分别是可理解性输入—协作讨论观点—通过演讲活动输出。首先是朗读并理解短文。大声朗读有助于教师发现学生的语音错误，也有助于提升学生说汉语的自信心。在朗读完之后，教师可以根据“Aha Chinese”提供的资料给学生设置演讲任务。学生根据给定的演讲话题和短文的内容进行分组讨论，最后选出代表呈现话题演讲成果。口语演讲是口语输出的过程，可以检测学生的口语情况，也可以提升他们参与课堂的积极性。在口语演讲完成之后，“Aha Chinese”会从内容和流利度方面给予评价，让学生能够了解自己的输出成果，以便下一次输出更满意、流利的内容。

综上所述，“Aha Chinese”辅助对外汉语口语教学从音素、字词拼读、句子语调以及篇章表达四个方面全方位地锻炼了学生的汉语口语能力。首先，“AhaChinese”辅助语音练习让学生熟悉音素，并能认读，为之后的字词拼读打下基础。其次，“Aha Chinese”辅助字词拼读可检验学生的音素学习情况，引导学生正确拼读，让学生直观或通过对比的方式了解生词的含义及用法。再次，“AhaChinese”辅助句子语调帮助学生练习生词的用法，练习句子的语音、语调，熟悉本堂课的语言点。最后，“Aha Chinese”辅助篇章表达引导学生准确、流利地朗读课文并理解课文大意，并在协作中加强学生的口语沟通和表达能力。

第三节　新媒体在对外汉语听力教学中的应用

一、对外汉语听力教学的任务

（一）提高学生的快速反应能力

在真实自然的交际中，言语信号是快速连续呈现的，是转瞬即逝的。为此，必须提高听觉器官的灵敏度。在对外汉语课堂上，师生之间为了保持正常的沟通和交流，教师是允许放慢语速的。但是，教师不能为了适应学生而无限制地放慢语速，该慢则慢，该快则快，还是应该尽量保持语速的自然、流畅。否则，“学生只能听懂本班教师说话，听不懂其他人说话”的情况永远解决不了，对提高学生的听力无益。

要想提高学生的快速反应能力，可以通过一定的设计练习来进行，让学生多听正常语速的听力材料，练习学过的词语，经过反复的刺激和提取，可以大大提高其解码操作的熟练程度。然后，让学生进行快速回答，通过大量、有效的练习来提高其快速反应能力。

（二）提高学生的辨别分析能力

提高听力首先是提高对声音信号的辨别分析能力。因为在教学的过程中，听力课本是由大量的语言材料组成的，把握好这些语言材料是分析辨别的关键。

人们利用听觉器官对言语信号接收、解码，首先是对收到的言语信号进行分析、辨别、归类。在分析的过程中既要注重共性的分析，也要注重个性的分析。分析的内容包括声韵调、停顿、重音、语气等。一般来说，其中的一个要素出现不同，句子的意思就会发生变化。听者理解语言的逻辑顺序是从感知单词开始，然后感知整个句子，最后感知成段话语。因此，在对外汉语教学中，分析辨别语音形式的排列组合，首先是分析辨别单词，其次是句子，最后是整段话语。

（三）提高学生的听后模仿能力

听后模仿能力是一种把感觉记忆转入短时记忆的能力。语言学习就是通过听后模仿进行的，模仿的对象包括语音、词汇、语气等。听后模仿能够延长言语信号在大脑中停留的时间，这就使理解更加准确。

听后模仿首先是听准，其次是说对。在对外汉语教学中，听后模仿练习宜从音节开始，包括声母、韵母和声调。理解句子的意思时首先应该辨别词语，然后对句意进行整体把握。模仿完词语之后再对句子进行模仿，如果听后能够模仿整个句子，就可以增加这个句子在大脑中停留的时间，而提高理解的深度和广度。最后是对语言声音信号的处理，从重音、停顿、语气等方面去理解它是否存在其他方面的意思。

（四）提高学生的记忆存储能力

美国教学法专家琼·莫莉把“听力理解”解释为“听加理解”，认为“听”“思考”“记忆”三者是密不可分的关系。事实上，记忆和理解的关系是相辅相成的，在理解的基础上记忆效果会大大提高，而记忆的东西越多，理解的能力就越强。

对外汉语教学的传统做法是，学生在课前必须做好预习准备。学生预习得越好，课堂教学越顺利。尤其是听力教学，在课前预习好生词，对听力理解是有很大的帮助的。这是因为语言教学是帮助学生把一个一个的音义结合体（词汇）输入大脑，成为经验成分，并且通过大量反复练习，使其在大脑中达到熟练的程度。如果缺少这一环节，就会出现学生什么也听不懂的情况，语言教学就无法进行。

（五）提高学生的边听边记能力

听力理解不只是学生听懂就可以了，它还要求学生进行记忆。由于声音信号本身具有瞬时性的特点，听力记忆能力就显得格外重要。俗话说：“好记性不如烂笔头。”为了克服遗忘，应该把听到的信息及时转化成文字记录下来。边听边记是汉语学习过程中必备的一个环节。对于简短的信息可以存储在大脑中，但是对于较长的信息就有必要通过书面笔记记录下来了。

在对外汉语听力课上，教师要训练学生养成边听边记的习惯，而且要教学生记什么和怎样记。这就要求教师要把握好课堂的重点，在教学设计上多花心思，做好板书记录。每个练习的最后一部分都是学生整理笔记，教师要认真检查指导。这样从简单到复杂，日积月累，持之以恒，学生一定会提高边听边记的能力。

（六）提高学生的检索监听能力

在实际生活中人们都会有这样的体验：如果渴望得到某方面的信息，个体就会把整个的注意力都集中在那上面。这种自觉地对材料进行过滤、筛选的行为就是检索监听。检索监听是带着问题去检索内容，具有很强的目的性，只要听到了自己想听到的内容就能记住。

检索监听能力是一种重要的能力，必须经过专门的训练才能提高。在对外汉语课堂上，教师训练学生的检索监听能力，主要通过让学生提取听力材料的关键信息。通过这种训练，学生会快速提取出听力材料的关键词语，把注意力集中在一个方向上，克服影响注意力的消极因素。

（七）提高学生的概括总结能力

在对外汉语听力教学中，学生们听完整个内容之后，常常只是记住了一小部分内容。这就在很大程度上影响了他们对整体内容的把握。因此，培养提高学生的概括总结能力就很重要。这就需要学生在听的过程中能够抓住关键信息。就一个句子而言，其中语调、语气的变化常常就是整句话的关键信息。如果别的词都听懂了，而恰恰是关键信息没听懂，那么整个句子就无法理解。相反，如果听懂了句子的关键信息，其他个别词语没听懂，也不会妨碍对整个句子的理解。因此，在对外汉语听力教学中，教师需要教会学生通过抓住关键信息去概括总结整个句子的意思。所谓关键信息包括两个方面，一是语言材料的主要内容，二是主要内容所蕴含的深层意义，即中心意思或主题思想。抓住关键信息的练习可以从单句训练开始，再过渡到成段的话语，最后训练学生概括总结全篇的主要内容和中心意思。

在听力教学的高级阶段，概括总结能力的训练更为重要，而这种能力是需要在长期的训练之后才能获得的，因此，教师要培养学生养成良好的听话习惯，训练他们提取中心意思的能力，而且要循序渐进，从易到难。

二、新媒体在对外汉语听力教学中的应用优势及具体措施

（一）新媒体在对外汉语听力教学中的应用优势

1. 能够改善对外汉语听力教学的环境

（1）新媒体支持多模态信息输入方式

在新媒体环境支持下，听力材料并不是简单的录音，而是具有多模

态性，即是多种器官感觉与文字、图片、动作等的立体影像。这些信息融入听力材料中，能够调动学生的学习兴趣，提升学生的听力感受，引发学生的听力联想，从而使学生能够更深层次地理解听力内容。

此外，多模态信息输入还使听力输入的内容更有趣、更容易被理解，也具有更多的真实性。这极大地调动了学生的听力积极性，从而不断提升学生的听力学习效果。要想保证这一点，对外汉语教师应该从不同学生的听力水平出发，利用新媒体蕴含的广泛听力材料，有选择地播放给学生听。

（2）新媒体支持真实交际语境的建构

语言与语境密不可分，语言的学习也必然离不开真实的语境。新媒体的引入为对外汉语听力教学提供了更加真实的语境，尤其表现在以下两大层面。

第一，人机互动。所谓人机互动，是指学生与新媒体之间展开的互动。许多新媒体软件具有对话功能，学生可以与新媒体之间进行互动，这对于锻炼学生的听力水平有着极大的意义。

第二，人际互动。所谓人际互动，是指对外汉语教师与学生之间，学生与学生之间展开的互动。一般情况下，在新媒体环境下的对外汉语课堂教学中，通过互动，学生的积极性与主动性可以逐渐被调动起来，提升其合作意识，从而不断提高对外汉语课堂教学的效果。

（3）利用新媒体进而增加学生的可理解语言输入

美国语言学家克拉申的语言监控理论的核心在于输入假说。他指出，学习者要想获得“可理解性输入”，就要求其输入不能过于简单，也不能过于困难。可理解的语言输入对学好对外汉语的重要性不言而喻。为此，对外汉语教师应充分利用新媒体帮助学生吸取大量可理解的语言输入。同时，新媒体能有效加深学生对语言的理解，并有助于学生在理解的基础上记忆语言。

（4）利用新媒体能够化难为易

传统对外汉语教学对于词汇、语法等的教授形式较为单一、枯燥，影响了学生对知识的吸收。长此以往会降低学生的积极性。新媒体辅助下的对外汉语听力教学能够更好地化枯燥为有趣，从而能够不断提升学生的听力学习积极性。

2. 能够培养学生的听力自主决策能力

通过新媒体，在听力过程中，学生的角色发生了重要转变。学生从知识的被动接受者转变为了听力理解过程中意义的自主建构者。学生可以全身心地去感受听力语篇中的信息与情感，并通过新媒体表达自身的看法，最终主动参与到学习过程中，提升了自己的自主学习能力。

（二）新媒体在对外汉语听力教学中应用的具体措施

学校和教师可以采取增设新闻听力课的措施将新媒体应用于对外汉语听力教学中。增设新闻听力课，利用电脑、数字电视等终端播放新闻，这是新媒体应用于对外汉语听力教学的常用措施。新闻听力，准确地说是广播听力，因为语料来自广播。它涉及广播的各个版块，有政治、经济、文化、科学、生活、法律、体育等方面的新闻内容，也有广播剧、小说连播、配乐散文等形式的休闲内容。它是一个开放的系统，把社会各方面的内容熔为一炉，给学生打开一扇窗户，接触语言世界，在离开课堂后仍能随时学习到新的语言文化知识。

新闻听力是对听力较高层次的掌握，它不同于普通的对外汉语听力课程，是独立存在的一门课程。它通过大量地给学生输入语言信息，增强学生的语言思维能力。从这个角度来说，新闻听力课的作用是其他课程所不能替代的。到了中、高级阶段，如果听力课的设置离不开主导课的限制，就会妨碍学生的进一步发展，压制他们的积极性。因此，开设新闻听力课就是给学生一把钥匙，让他打开一扇自学之门，进入一种自觉学习的境地，这是非常有意义也是有必要的。

1. 新闻听力取材遵循的原则

第一，要坚持内容的精选性。听力材料的选择应该是精挑细选的，方音过重影响听解效果的、节目质量不高的、音质传输效果不好的一般不予采用。在选择听力材料时，语料在句法表达和词义理解上的难度不应过高。

第二，要注意内容的实用性和趣味性。在选择听力材料时，教师要充分听取学生的意见，了解他们的听解愿望。教师可以对学生想要听取的材料进行了解，然后根据材料的受欢迎程度进行排列，选取受欢迎程度较高的材料以激发学生的兴趣。

第三，要突出内容的鲜活性。除了每次课都给学生听当日的新闻联播内容提要以外，教师还应特别注意扩大学生的生活语言词汇量，如他们在模拟的语境下听到的“棒槌”“榆木脑袋”等在课本上很难见到的词语，生活中又比比皆是，听时有语境的烘托，学生很容易就理解了，这样学生每次来上课都怀着一种期待的心情。

第四，确保录音的清晰性。背景音或方言的干扰过大，会挫伤学生的听解信心，给学生心理上带来不良影响。因此，切忌背景音喧宾夺主，造成纯粹的听力障碍。

2. 新闻听力课的教学实践要求

第一，对外汉语教师要在听力课开始之前准备大量的工作，虽然有些语言材料是现成的，但仍要跟原文对照一遍，所有的生词、惯用句式都要逐一查阅资料，以便能够准确地将其讲解出来。考虑到新闻听力课的课时较少，教师要处理好授课时间与练习时间的关系、生词和语法讲解在教学中所占的比重等问题，尽可能把80%～90%的时间留给学生，给学生营造一个良好的听力环境。

第二，要让学生大量地听，给学生提供充足的听力材料，还要保证材料具有一定的重复性，使学生能够真正地掌握材料。在课上的训练要注意题材的多样性，把各类新闻、专题报道和其他题材的内容穿插编排，经常变换形式，使课堂的内容变得丰富多样起来，这样可以使学生始终保持学习兴趣。在听的过程中不做过多的讲解，目的是提高单位时间里听解的利用率，达到过度学习效应[1]。

第二，要逐渐提升新闻听力的难度。新闻的信息量相当之大，且新闻

[1] 过度学习效应指的是人们对所学习、记忆的内容达到了初步掌握的程序后，如果再用原来所花时间的一半去巩固强化，使学习程度达到150%，将会使记忆得到强化。

的语速也非常快，许多学生在开始听的时候都感到非常紧张，这是一个很正常的反应，都需要有一个适应的过程。在这一时期，对外汉语教师不应该对学生要求太高，只要他们能听出关键信息就可以，听的时间不能过长，然后转入比较生活化的听力内容，让语速相对慢一些，给学生一个缓冲的时机，使其可以调整大脑的接受状态，便于继续学习。这样的方式重复几次后，便可逐渐加长时间，提高要求，引导学生一步一个台阶向上走。

第四，高级班学生的词汇量和语言运用能力还是比较强的，因此对外汉语教师对生词的处理先不要加注释，让学生自己学会消化理解，这也是强化学生语感的过程。这样做的好处是有利于改善学生听得懂生词，却不能理解句子整体含义的局面。

第五，为了使学生的听解过程更加有效，对外汉语教师可以在听听力之前给学生提供一个整体的概念，无论听力材料有多长，第一次都是让学生完整地听完，不要为了让学生理解听力材料而将其分段。只有在完整地接受新信息之后，学生才可能根据自己的听解和判断，对听不懂的部分进行有效地预测，这种预测能力的训练是符合听力思维发展规律的。

第六，在听力课上讲语法内容要有别于其他课型，因为重点是听，对外汉语教师不应在语法讲解上花费太多时间，一些出现的句型点到即可，不需要做大量的练习，但对不规范、不合语法的地方要给予指明，要从正确的方面引导学生听，避免错误的东西对他们的误导。例如，主持人主持某一专栏节目，其表达方式是口语形式的，比较随意，因此会出现口语中常有的重复、颠倒、错句、表达不准确、口语冗余等现象，这时对外汉语教师要及时指明。

第四节　新媒体在对外汉语写作教学中的应用

一、对外汉语写作教学的任务

对外汉语写作教学对象在汉语写作方面大多已经具备了思维能力、表达能力等基础能力。对外汉语写作教学的基本任务就是让他们的汉语写作能力和汉语写作水平、思维水平相互协调，训练他们运用汉语自如地传情达意。具体而言，对外汉语写作教学的任务主要是传授写作知识和训练写作技能，而又以训练写作技能、提高写作能力为主。

（一）传授写作知识

写作知识既包括基本的语言知识，如标点符号、书写格式、文体、修辞等，也包括文章表达方式的知识，如叙述、描写、抒情、议论、说明等。这些知识的获得一方面要依赖于其他课程的学习和平时的积累，另一方面要通过对外汉语教师的集中讲解。写作知识的学习不应占课时太多，主要是引导学生在旧知识的基础上建立新知识，为下一步的写作实践做必要的准备。[1]

在传授写作知识的时候，对外汉语教师应该注意实用性，要教给学生其他课程学不到的有关写作方面的知识，解决其他课程没有解决的问题；要注重解释词语，句式的语义，归纳语用规律。

（二）训练写作技能

对外汉语写作教学的重要任务就是对学生进行技能的训练，其内容主要包括以下五个方面。

第一，如何遣词造句表达某个既定的意思。

[1] 王笑艳.新时期对外汉语教学法专题研究[M].北京：九州出版社，2017：210.

第二，根据表达功能的需要选取恰当句式。

第三，句群、语段的连贯和衔接。

第四，各种文体的习作。

第五，培养学生具有借鉴和监控的能力。所谓借鉴，是参考和运用汉语的写作知识，模仿和运用目的语范文的写作方法。所谓监控，就是运用汉语和目的语有关的语言知识和写作知识作为习作的规范，自觉地修改，润饰自己的作文。

二、新媒体在对外汉语写作教学中的应用优势及过程

（一）新媒体在对外汉语写作教学中的应用优势

1. 为写作提供丰富的多媒体素材

对于学生来说，写作的最大困难在于不知道写什么，不知从何写起。这其中有两个原因，一是没有感受，也没有想象，二是观察得不够细致。

在对外汉语写作教学中，利用新媒体可以为学生提供多重感官刺激的素材，引导学生发掘写作内容，使写作不再需要冥思苦想，不再无话可说，从而使学生写出听到的、看到的、感受到的、内涵丰富的作品。文章的充实源于细致的观察，观察得细致才能描写得深刻。对外汉语教师可以通过看图片（包括连环图）、动画、录像、电影、电视等多种视觉刺激，针对不同阶段的学生开展写作训练。例如，对于高级阶段的写作，对外汉语教师可以在多媒体创设的真实情景下，刺激学生的情感和想象，使他们联想起自身的经历，引起他们的共鸣，唤醒其写作动机；还可以通过听后写、读后写、看后写等，进行写作训练。

2. 为讲授写作方法和技巧提供方便

写作的另一个困难在于文章的结构和表述，需要通过讲授、练习、讲评等一系列手段和措施逐步地解决。在对外汉语写作教学中，利用新媒体可以提供不同性质的素材，引导不同体裁的写作，如不仅可以训练学生写话题作文，还能训练学生写记叙文、说明文、评论等。

列提纲、展示文章的大致结构是写作的基础，通过图表、分支图、色彩等方式展示出提纲和细目，对于指导写作是一种非常有效的方式，其好处在于清晰、直观。根据提纲，再经过分析、讨论和交流，学生头脑清楚、印象深刻，不会觉得枯燥无味，写作就会变得得心应手。

讲评也不失为一种训练写作的好方法。在讲评时，对外汉语教师可以利用新媒体标示出文章中的精彩之处，如描写方法和用词、排比句等，或标示出文章的结构、逻辑性、篇章衔接方法及汉语的表达习惯。这样一来，无论是用词、用句、篇章结构，还是起、承、转、合等写作技巧都展现得一清二楚，既有细节的，也有全局的。

将新媒体应用于对外汉语写作教学中，教师可以用多媒体形式集体分析范文的结构、写作特点和写作技巧；还可以通过边看边讨论的方式，引导学生积极地参与写作构思和修改，如播放一段录像，然后在屏幕上显示出文章的开头，或者显示出两种不同风格的开头来讲解写作方法。这种教学方式与教师单纯的讲解或花费很多时间在黑板上书写相比，更形象，效率更高。总之，与常规的板书和教师的语言讲授相比，将新媒体应用于对外汉语写作教学中显然可以更加集中学生的注意力。

3. 使学生的个体差异得到兼顾

众所周知，学习者无论在个性还是在学习方法方面都存在着个体差异。将新媒体应用于对外汉语写作教学中，可以兼顾到学生的这种个体差异。学生可以根据自己的理解能力和学习进度选择学习内容，对自己认为薄弱的环节加强知识技巧的学习；学生可以对自己感兴趣的话题进行更深入的探讨，可以对自己喜爱的文体进行更进一步的了解和学习等。这样一来，学生不仅可以在各种文体、风格题材的写作上得到训练，还可以在自己擅长的领域有所专攻，真正实现写作能力的增强和写作水平的提高。

（二）新媒体在对外汉语写作教学中的应用过程

新媒体应用于对外汉语写作教学时，写作环境对学生和对外汉语教师来说，代表着一种新的、创造性的教学手段，它可以对写作过程的各个阶段产生影响，也可以适应各种类型学生的不同需求。

将新媒体应用于对外汉语写作教学的过程，具体分为以下三个阶段。

1. 准备阶段

这一阶段主要进行材料搜集及选择。在新媒体写作环境下，可以通过集体构思激发新思想，通过电子邮件讨论问题，参与大型网络讨论组，在Internet上观察图像显示，阅读通过电子手段收集的数据，运用电子图书馆，等等，这些都是新媒体提供的全新的写作手段。具体而言，在该阶段运用新媒体主要在以下两个方面。

（1）充分利用网络

网络是一个庞大的资料库，网上资源浩如烟海，基本上所有所需资料均可在网上找到。网上还有专门的汉语教学网站，其中涉及写作教学，一般是写作课程、写作技巧的传授等，也提供一些参考范文或佳作欣赏。这些网站甚至还设置了专门为新手开辟的文章发表栏目，可以鼓励与激发学生的创作激情。

（2）利用新媒体软件学习范文

在课堂上对外汉语教师对范文的讲解是以大多数学生的理解接受能力为基础进行的，不会照顾到学生的个体差异。而新媒体软件不仅存储容量大，可以分门别类地收录大量范文，而且可以直接向学生生动地呈现文章内容，还可以按学生的需要提供必须的背景材料、相关的基础知识、语法语义、图形解释甚至部分词汇单词的注解等，让学生可以根据自己的需要提取学习内容。

2. 写作过程

在这一阶段，新媒体可以实现利用具体的软件写出框架及草稿；快速浏览文章；直接在计算机中输入写作内容而不需要先在纸上写好后再录入计算机。具体作用在于以下两个方面。

（1）用计算机文字处理程序进行写作训练

文字处理程序的辅助功能在客观上减少了写作过程中的重复劳动，

简化了修改和编辑过程中的琐碎的技术性细节，使学生能够把写作中的精力大多集中在创造性的劳动上，增强了学生对写作的兴趣。

（2）通过教学软件来实现对学生写作过程的监控

在新媒体写作环境中，对外汉语教师对学生写作过程的监控主要通过教学软件来实现。在以往的作文修改过程中，当文章送达对外汉语教师手里时，已经是一篇成型的文章，对外汉语教师无法看到学生文章的酝酿过程。运用教学软件，对外汉语教师可以在适当的时间与单个的学生或一组学生进行交流，而且学生的备稿、准备的资料、提纲等都可以备份，都可以作为写作的渐进过程送达对外汉语教师，使对外汉语教师可以从第一步就参与讨论提出建议或修改意见。这种对外汉语教师与学生之间关于写作任务的交流是不受课堂限制的，对外汉语教师在其中起着监控、遥控等作用。

3. 修改与提高阶段

这一阶段与写作阶段是一个循环反复的过程，包括修改和重写。在新媒体写作环境下，学生可以轻易地通过剪切、粘贴、添加等计算机操作手段对文章进行修改，可以利用计算机的检查功能来查找和纠正拼写、语法和句法错误等。对外汉语教师、其他学生也可以通过网络对某个学生的作文进行评析与修改。

需要指出的是，基于新媒体的教学方式的采用并不意味着对外汉语教师在教学中失去原有的作用，相反，对外汉语教师的作用更为重要，也更为灵活。学习写作的过程从根本上来说还是一个需要交流的过程，而这离不开人的参与，特别是作为指导者和监督者的对外汉语教师的参与。在新媒体教学环境下，对外汉语教师的角色有了一定的转变，这种转变使对外汉语教师的教学效率得到提高，对对外汉语教师本人的要求也更高。

参考文献

[1]赵金铭.对外汉语教学概论修订本[M].北京：商务印书馆，2019.

[2]许燕.新媒体环境下汉语言文学教学优化策略[M].长春：吉林文史出版社，2018.

[3]何建.高校汉语国际教育探索[M].长春：吉林人民出版社，2021.

[4]李睿.跨文化视域下汉语国际教育研究[M].哈尔滨：哈尔滨出版社，2020.

[5]姜明宝.汉语国际教育人才的精细化培养[M].北京：北京语言大学出版社，2018.

[6]李宝贵.语言规划与汉语国际教育论集[M].大连：辽宁师范大学出版社，2018.

[7]李燕.汉语国际教育规划论集[M].天津：南开大学出版社，2017.

[8]林刚.新媒体概论第2版[M].北京：中国传媒大学出版社，2021.

[9]王笑艳.新时期对外汉语教学法专题研究[M].北京：九州出版社，2017.

[10]李池利，袁娟娟.汉语国际教育教材生态评估构想[J].汉字文化，2020（5）：128-132.

[11]李奕佳.汉语国际教育学科发展现状及教学策略思考[J].科学论坛，2021（3）：267.

[12]安兰朋，韩瑞军.汉语国际教育学科发展现状及教学策略思考[J].河北经贸大学学报（综合版），2018，18（2）：81-85，96.

[13]刘潇萌.新媒体时代汉语国际教育中新词新语的教学研究[J].参花（下），2020（3）：74-75.

[14]娄开阳.汉语国际教育论文写作教程[M].北京：中央民族大学出版社，2018.

[15]马洪海.汉语国际教育研究（第3辑）[M].上海：上海交通大学出版社，2018.

[16]逄增玉.汉语国际教育与中国文化国际传播[M].北京：中国传媒大学出版社，2019.

[17]王建军，缪葵慈，陶家骏.汉语国际教育与语文教育研究论集[M].苏州：苏州大学出版社，2020.

[18]孙悦涵，郭宇欣.新媒体对汉语国际教育跨文化交流的影响探究[J].新闻前哨，2021（5）：116-117.

[19]王涵.试论新媒体背景下汉语国际教育面临的机遇与挑战[J].北方文学，2018（24）：191-192.

[20]金蒙.线上汉语国际教育文化课程多元互动模式探讨[J].安徽电子信息职业技术学院学报，2022，21（3）：96-99.

[21]王京旌.汉语国际教育面临的若干理论与实践问题[J].散文百家，2018（6）：131.

[22]王丕承.汉语国际教育师资格培养理论和实践问题研究[M].北京：中国书籍出版社，2018.

[23]王赛君.新媒体下移动学习在汉语国际教育中的应用[J].现代交际，2018（22）：10-11.

[24]杨晶佩宜，穆莺莺.生态语言学视角下的汉语国际教育[J].现代职业教育，2021（3）：14-15.

[25]于海勇.浅析汉语国际教育中新媒体教学的发展[J].北方文学，2019（18）：145-146.

[26]张婧婧.生态位视角下汉语国际教育专业本科生就业问题探析[J].湖北成人教育学院学报，2020，26（5）：43-47.

[27]董振邦，夏远力.汉语国际教育：学生为中心的导向型教学[J].汉字文化，2022（14）：89-91.

[28]张轶格，陈天阳.汉语国际教育面临的若干理论与实践问题[J].年轻人，2019（15）：29.

[29]乐守红.汉语国际教育视域下大学文化传承的价值与创新[J].黑龙江高教研究，2022，40（9）：30-34.

[30]谢俊.论当前普通高校汉语国际教育人才的价值实现问题[J].科教文汇，2022（15）：48-50.

[31]吴吉忠.汉语国际教育中的地方文化教学[J].文学教育（下），2022（7）：87-89.

[32]刘冰青.汉语国际教育中级汉语写作教学研究[D].呼和浩特：内蒙古师范大学，

2017.

[33]刘行.新媒体在汉语国际教育中的应用研究[D].南京：南京信息工程大学，2021.

[34]拜梦娇，王亚琼.汉语国际教育中的文化传播研究可视化分析[J].红河学院学报，2022，20（3）：144-147.

[35]方温馨.移动学习在汉语国际教育中的应用[D].南京：东南大学，2020.

[36]冯文.抖音短视频在汉语国际教育传播中的应用分析[D].绵阳：西南科技大学，2021.

[37]张一晗.汉语国际教育微信公众平台使用情况调查研究[D].长春：吉林外国语大学，2021.

[38]苗雨晴.新媒体平台在汉语口语课中的辅助教学研究[D].沈阳：辽宁大学，2019.

后　记

本书系2022年度河北省社会科学发展研究课题“新媒体时代河北中医特色文化海外传播策略研究”（课题编号：20220303145）的研究成果。

不知不觉间，本书的撰写工作已经接近尾声，笔者颇有不舍之情，因为本书是笔者投入大量精力进行数据调研后形成的作品，倾注了笔者的全部心血。一想到本书的出版能够为汉语国际教育研究提供一定的帮助，贡献一分力量，笔者便颇感欣慰。本书在创作过程中得到了社会各界的广泛支持，笔者在此表示深深地感激与感谢！

汉语国际教育的教学对象是以其他语言为母语的国家或民族的人，教学目标是培养学习汉语的外国人的语言交际能力，具体来说就是培养其听、说、读、写的全面运用能力。目前，我国汉语国际教育课程教学的手段多种多样，但普遍存在教学观念传统保守、教学工具落后陈旧、教学形式单调无趣等弊病，无法达到信息时代课程革新的要求。早在1999年，时任国家对外汉语教学领导小组组长、教育部部长的陈至立就提出“要重视用现代化信息手段进行对外汉语教学”“把对外汉语教学纳入利用现代化信息手段进行教学的轨道”。目前汉语国际教育教师与外国学生在生活中都广泛使用移动互联网终端，但将这些新媒体与汉语学习结合起来的却并不多见。主要原因在于国内高校和国外孔子学院汉语网络信息平台建设严重滞后，网络相关学习资源稀缺，互动交流学习不多。这表明新媒体在汉语国际教育中有广阔的发展空间，如果加以重视，制定措施并付诸实施，可以大大提高教师教授汉语的成效与学生学习汉语的效率，促使汉语国际教育课程教学从以教师为中心的知识传授型教学模式，向以学生为中心的能力培养型教学模式转化，从而全面提升汉语国际教育课程教学的成效。

事实证明，新媒体的运用是推动汉语国际教育的有效途径。要想真正实现汉语国际教育中新媒体的合理运用，需要考虑和完善的实际问题还有很多。对于如何发挥新媒体的积极因素，全面促进汉语国际教育课程教学的发展，这将是一个值得学界深思的问题。

张婧瑶

2022年9月